美国是一个商标

Culture Jam

【加】卡勒·拉森 Kalle Lasn 著　李婵 译

新星出版社 NEW STAR PRESS

CULTURE JAM, Copyright © 1999 by Kalle Lasn
Published by arrangement with William Morrow, an imprint
of HarperCollins Publishers

著作权合同登记图字：01-2012-7039

图书在版编目（ＣＩＰ）数据

美国是一个商标 /(加) 拉森著；李婵译. -- 北京：新星出版社，2013.3
ISBN 978-7-5133-1044-4

Ⅰ.①美… Ⅱ.①拉… ②李… Ⅲ.①文化－研究－美国 Ⅳ.①G171.2

中国版本图书馆CIP数据核字(2012)第306361号

美国是一个商标

(加) 卡勒·拉森 著；李婵 译

责任编辑：许　彬
特约编辑：李佳熙
责任印制：韦　舰
装帧设计：媛　子

出版发行：新星出版社
出版人：谢刚
社址：北京市西城区车公庄大街丙3号楼　100044
网址：www.newstarpress.com
电话：010-88310888
传真：010-65270449
法律顾问：北京市大成律师事务所

读者服务：010-88310800　service@newstarpress.com
邮购地址：北京市西城区车公庄大街丙3号楼　100044

印刷：北京京都六环印刷厂
开本：787mm×1092mm　1/32
印张：6.5
字数：205千字
版次：2013年3月第一版　2013年3月第一次印刷
书号：ISBN 978-7-5133-1044-4
定价：28.00元

引言：文化干扰（Culture Jamming）[1]

　　你掌中的这本书正向你传递着一条信息，本能反应告诉你它完全不可信，因为这条信息是——我们能改变世界。这年月许下这类承诺风险极大，因为它听起来就像那些毫无意义的陈词滥调——什么"唤醒体内的巨人吧"，"只要想得到，就能做得到"，"万丈高楼平地起"等。

　　但是，这句话是真的！"我们"是认真的！我们自称文化干扰者（culture jammer），形成了一个松散的全球性网格，活跃于各类媒体中，我们将是下一个二十年内最重要的社会活动的先头部队。我们致力于打倒已有的权力结构，改变二十一世纪的生活方式。"人权运动"代表六十年代，"女权主义"代表七十年代，"环保主义"代表八十年代，我们相信，"文化干扰"将被用来代表我们的时代。它会改变人们生活和思考的方式，改变信息流通的方式，改变社会机构的权力范畴，改变电视台的运作方式，改变食物、时尚、汽车、运动、音乐以及文化行业的工作流程。最重要的是，它将改变大众与媒体的互动方式，改变社会意义的产生方式。

　　我们是一个部落，成员形形色色。有再生的激进势力，有绿色环保企业家，也有原教旨主义基督徒（他们不喜欢电视对孩子的恶劣影响）；有朋克无政府主义者，有研究通信技术的教授，也有广告制作人（他们不断寻找生命中的新角色）。我们之中有许多人兢兢业业，长期活跃于某个领域，却突然发现自己的精神世界无所依托。对我们来说，女权主义的浪潮已经退却，环保运动不再令人振奋，左翼势力胸中的熊熊烈火已经熄灭，青年人的叛逆越发空洞，他们的叛逆，在我们眼中不过是阵"耐克热"而已。我们已然迷失。

　　然后，我们灵机一动：或许，只要把各种社会活动家捆成一团，集思广益，打碎现有力量，重新分配，然后展开一场全新的社会运动，我们就有机会改变现状，赢得胜利。

我们并非刻意寻找，但每个人都以自己的方式实现了政治觉醒，那是一连串私密的"真理时刻"，关于自身，也关于世界。有时，这种觉醒就是刹那间的顿悟，它来得猛烈，如同圣主显灵，其实跟神明没什么关系；还有的时候，人们无意间听到了什么、读到了什么、碰到了什么，却像被击中了一般，顿时开窍；有时我们自以为了解某事，现在，内心突然有声音说，并非如此。这些真相深深震动了我们，甚至可以毫不夸张地说，是它们改变了我们的生活。在这里，我想与大家分享的，就是在过去的十几年间，发生在我身上的这些意识觉醒。

美国不再是个国家，它变成了价值连城的品牌。美国的重要性，跟"麦当劳"、"万宝路"、"通用汽车"这些品牌的重要性没什么区别。它是个品牌形象，其"销售"对象不仅为美国公民，也包括全世界的消费者。"美国"这个品牌代表"民主"、"机遇"、"自由"，或是其他类似的口号，但是，这个品牌的实质却与其兜售的形象相去甚远。就像香烟，尽管广告词里都是诸如"生命力"或是"年轻叛逆"一类的口号，但这不过是种标榜而已。"美国"牌形象已经被各个公司彻底颠覆。参加竞选的政客对大公司俯首称臣，以换取政治生涯。政客们自认没有实权，幻想破灭后，另有一种更深的背叛感在他们心中滋长。

美国文化不再由人民创造。我们的故事，曾经由父母讲给儿女、邻居讲给邻居、老师讲给学生，现在则由一些陌生的公司来讲。所谓"讲故事就是卖东西"[2]。品牌、产品、时尚、名流、娱乐——所有围绕文化制造的景观——就是文化。我们的任务，是听和看，然后根据我们听到和看到的，买！

今天，在美国™，自由、真实的生活可能已经一去不复返。一直以来，有人用极为阴险狡诈的方式操纵着我们。情感、性格、核心价值观都被媒体和文化力量围攻。这股力量非常复杂，寻常人压根不能破解其间的密码。一波又一波产品信息织就我们的生活。大多数北美人现在都按别人设计好的方式过日子——睡、吃、坐车、工作、购物、看电视，然后又睡。我怀疑，在那样循环往复的生活中，人们是否还能握住一段自由时光。我们自身也早已被品牌化了。人类的天性本应高傲、矛盾、独立自主，奇怪的是，现代人却被驯化得服服帖帖，并且逐渐演变，陷入一种按钮式的文化中，一按就笑。人们穿着时髦的衣服，开最好的轿车，做出超级富人的派头——酷人们把生活活到极致。但是，在幸福的面具下，藏着一张丑陋的面孔。发展中国家的朋友一看到这张脸，就会吓得屁滚尿流。他们本以为能见到电视上描绘的那种让人眼花缭乱的美国人，事实上却看到了一部恐怖片——杂乱无章、混乱无序。

大众媒体给我们配了一种药，类似赫胥黎作品中所说的"苏麻"（译者注：《美丽新世界》一书中，市民使用的毒品的名称）。世界上最厉害的麻醉剂就是"承诺这东西归你所有"。想要将承诺变为现实，最好的方法就是遵守美国™开的处方。正是用这种方法，扭曲的"酷"感控制了儿童的想象力。"酷"不能少——这药很好配，药材源源不断。任何地方你都能找到这味药（而且价格合适），但是"酷"很容易让人上瘾，但药效很短。也许你今天还挺"酷"，明天就已经落伍了。

美式的"酷"全球流行。不同的社会团体、社会传统、文化遗产、独立主权，所有的历史都已被单一的文化所取代，那就是，贫瘠的美国文化。

我曾住在日本，那时社会正处在转型期，日本人的生活方式快速地向西式生活转变。看到美国品牌在那里迅猛生根发芽，我无比震惊。我看着一个有着几千年传统的文化在两代人之间消失瓦解。突然间，高中女生下课后变成了应召女郎，每笔生意要价一百五十美元，就为了挣点钞票购买美国牛仔裤和美国手提包。

地球再也不能支撑美国式的追求酷感的生活方式。我们寻找、购买，吐出来，又吞下去。吞得太多、吃得太快，厚颜无耻、肆无忌惮。现在，是时候付出代价了。经济"进步"正在毁灭这个星球。

这些想法以前并未触及我的痛处，直到1989年，关于环境恶劣的新闻报道如洪水般涌现：酸雨、北海的濒死海豹、纽约海滩上的医药废品、从一个港口辗转到另一个港口的垃圾船、越来越大的臭氧层空洞、还有就是关于美国妈妈母乳的调查报道——母乳中的DDT（滴滴涕杀虫剂）含量是牛奶中的四倍。那一年，无数人恍然大悟，成为"环境保护主义者"。我们见证了让这个星球走向毁灭的恐怖根源。对于我这样的人来说，人生就像是一列永远开动的火车，人们上车下车，七十年后，茫然无知，走到了终点站。但是，就在那一年，人生中第一次，生物灭绝、星球死亡——这种不祥的预感变得真实起来。我被吓坏了，到现在依然担惊受怕。

只要经历过几次"真理时刻"，一切都会变得不同。生活偏离航向，走向奇怪的新方向。这种变化既令人兴奋，又让人害怕。新的想法着魔一般涌现。"想要过不一样的生活"，这种愿望不停驱使你向前，直至某天喷涌而出，打破平静的水面。

这一刻来临时，我正在家附近的某个超市的停车场。当时我正把一枚硬币往购物推车投币口里塞。突然间，我觉得自己就是个蠢货。为什么每周都要来这样一家店塞上二十五美分，换取"特权"来这儿花钱？这家连锁店死气沉沉，基本不卖本地生产的鲜货，还得排长队付账！而且，买完东西以后，我还得把手推车推到指定地点——那可是他们的效率专家明令规定的——然后再把它和其他推车钩在一起，按下红色按钮，取回那该死的二十五美分。

体内的保险丝烧了起来。我停下动作，环顾四周，确定没人看我。然后，我摸到钱包里那枚大大的变形的硬币，用力地往投币口里塞。还好钥匙扣上的佛祖保佑，我终于把硬币塞了进去，堵住了投币口。我没有停下来想这么做究竟是对是错，只是觉得自己的怒气总算发泄出来了。然后，我走出超市，走向路口那家专卖蔬菜水果的小店。与过去的几个月相比，我觉得现在的自己有生气得多。

后来，我意识到，自己无意中发现了在现代都市生存的一大秘密：尊重直觉。宣泄自己的愤怒吧。倘若某天怒火从你的灵魂深处涌了上来，别压制它——引导它、信任它、运用它。你不用时时刻刻都做文明人。如果体制的大磨要把你碾碎，那就把磨的轮子给卸掉。

一旦你开始用这种方式思考和行动；一旦你意识到这种消费者资本主义（consumer capitalism）从本质上讲是多么不道德，堵住它又是多么"非不道德"；一旦你了解到这种文明的不服从方式有一段多么长、多么令人尊重的历史，可以追溯到甘地、马丁·路德·金以及亨利·大卫·梭罗；一旦你开始相信自己，并把自己看作这个世界上被赋予权力的"人"，而不是只知消费、成天混日子的倒霉蛋，不可思议的事情发生了，你的愤世嫉俗之情不药而愈。

如果"酷"是我们这个时代的"苏麻"，那"愤世嫉俗"就是毒药，其副作用是使人麻痹。它是"酷"的黑暗面。我们之所以看太多电视、不关注投票权，部分原因就在于此。正因为"愤世嫉俗"，我们干了多年单调乏味、毫无意义的工作，却束手无策。正因为"愤世嫉俗"，我们对时间感到无比厌倦，成了自动自发的义务消费者。

治疗"愤世嫉俗"，就是治疗后现代社会的不安感。在"愤世嫉俗"之情的另一边，"自由"正在等待着我们。追求自由就是一切变革，也是这本书的全部目的和内容。

在情境主义者（Situationist）看来，这场变革由来已久。法国哲学运动 (The French philosophical movement) 激化了1968年的巴黎暴乱。那场暴乱预示着一个由消费者资本主义驱使的社会究竟会有何下场。情境主义者的直觉表明，如果把一个人的核心悬挂在一个"景观社会"里，即一个由人为制造欲望和操纵情感的社会，生活该有多么艰难。情境主义运动的领袖人物居伊·德波（Guy Debord）说："革命不是向人们展示生活，而是让他们生活。"[3]自由自在、无拘无束是每个人的本能，就像是计算机上的硬连线。就像"性"和"饥饿感"驱使人类一样，追求自由的信念同样驱使着人类。这台驱动器强大无比，难以抵抗，一旦运行，就几乎不可能停下来。

拥有如此不可抵挡的力量，我们开始进攻。

我们将打碎后现代社会大厅的镜子，重新定义"活着"的意义。我们将用最伟大的条款，构筑新的战争。旧式的政治战争消耗了二十世纪的人类力量——黑对抗白、左翼对抗右翼、男人对抗女人——它们将会退到暗处。值得我们为之斗争和赢得胜利、能够为我们赢得自由的唯一一场战争，就是人类对抗"酷"机器制造公司之战。

我们将进攻美国的品牌化，组织起来抵抗垄断机构，正是他们拥有并管理"美国™"。就像"万宝路"和"耐克"一样，"美国™"也把品牌标志撒得到处都是。现在，抵制"美国™"的运动即将展开，盛况空前。美国牌的时尚、名流、偶像、标志和景观，所有的"酷"将不复存在。我们会干扰它的形象工厂，直到某天这个品牌突然倒下。[4]然后，在旧式消费者文化的废墟上，我们将重建新文化，打造非商业化的心脏和灵魂。

这将是场声势浩大的文化干扰运动，一场体现未来世界思维意识的持久战。它或许需要一代人甚至几代人的努力。但是，终有一天，我们能赢得胜利。本书致力于向大家说明具体做法。

想一想，把"文化干扰：让美国™不再酷"看作一个品牌重塑战略——一场一年四季均可展开的降低市场需求的运动。

在本书的第一部分，秋季篇中，评估了人类当前的损失。我们在精神环境中展开旅程。早在三十五年以前，物质环境就已提出了同样的警告。当人类的文化生活不再由自然界塑造，而是由人类创造的电气化的大众传媒打造时，这类警告又意味着什么？

在第二部分，冬季篇中，提出问题。美国以及世界上大部分国家和地区，都被媒体消费者逮个正着，浑浑噩噩。对商业人造物品的麻木弥漫了整个后现代时代。自然和真实还能被找回来吗？

在第三部分，春季篇中，我们探寻革新的可能性。美国精神中的野性真的已经被驯化了么？对抗性的文化还有可能存在吗？我们是否能够展开另一场革命呢？

在第四部分，夏季篇中，我们瞥见重燃的革命之火后，未来美国可能出现的模样。

我希望，即便起不了更大的作用，本书至少可以让你稍作停顿。无论你在哪儿，无论你在做什么，这本书都能起到情境主义者所说的"变化（Détournement）"的作用，即：在日常生活中，为你带来一系列激动人心的转变。

注释：

1.关于"文化干扰"（Culture Jamming,或称"文化反堵"）的起源：1991年，我在《纽约时报》上初次见到这一术语，这一术语出于文化评论家马克·德锐（Mark Dery）的一篇文章。该术语由旧金山音频拼接乐队Negativland 杜撰而成。1994年乐队作品"Jamcon'84"用这个词语向业余无线电爱好者"Jammers"致敬。"Jammers"模仿米奇及其它流行文化角色的声音，然后用它们干扰无线电广播。早期的文化干扰者主要行为有：涂鸦、制作广告牌、伪造无线电广播、打乱超市货品摆放顺序、黑进公司和学校的电脑、恶作剧、挑衅等。新一代"干扰者"有组织地召开"大众媒体批评"会以及"改造街道"派对；制作电视节目，如"零购买日""关电视周"等；采取法律行动，以撤消无良公司的营业执照；开展无数活动，进行文化干扰。

2. "卖东西就是讲故事"，出自乔治·格伯纳（George Gerbner），文化环境运动发起人，现为美国费城天普大学贝尔大西洋电讯专业教授。

3. "革命不是向人们展示生活，而是让他们生活。"——居伊·德波（Guy Debord）。伦恩·布莱肯（Len Bracken）在其作品《居伊·德波的革命》（Feral House, 1997, 第110页）中引用，并将其放在该书的封面上。

4. "我们会干扰它的形象工厂，直到某天这个品牌突然倒下。"——马克·德锐（Mark Dery），《文化干扰：黑掉、冲击、剪短商标帝国》（Westfield, N.J.: Open Magazine Pamphlet Series, 1993）。

目录

Contents

第三次世界大战将是一场游击信息战，参战者不分军民。

——马歇尔·麦克卢汉（Marshall McLuhan）[1]

注释：
1.马歇尔·麦克卢汉（Marshall McLuhan），《文化是我们的事》（Ballantine Books，1970，第66页）。

秋季篇

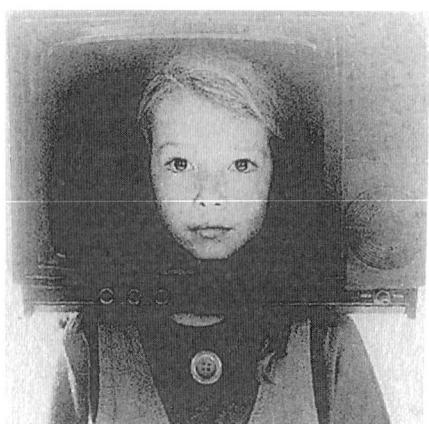

心境障碍

（Mood Disorders）

想象一下，你生活在一个典型的后现代家庭，住在典型的北美城市，房子是典型的后现代风格，位于典型的后现代社区。你过度操劳，却又入不敷出。你吃外卖食品；你的孩子哭着闹着要买"耐克"；家里的电视每天开五个小时。某一天，你突然意识到，作为一个"家"，你的这个家实在是不像样子，你们更像是五个住在一起的陌生人，共同分担水电气开销而已。

于是你决定补救一下，全家一起露营——上天然"茅房"，吃火烤小熏肠，没有电话，没有传真，没有电视剧。没有电气设备的干扰，全家人一定可以重新认识彼此。

但是，不过在野外待了几个小时，你突然发现自己根本干不了这活儿。你就像被火箭带进了外太空，虽说不得不与家人团结一起，心理上却没有充分的准备。

孩子们的身体确实已经被带离了电视机。但是，七岁大的女儿基本说不出一句完整的话，饭吃不到三口就走神。她的脸上挂着《魔童村》（编者注：1960年美国恐怖电影）似的表情，不论你说什么她都让你再说一遍；十四岁的儿子不发一言吃完晚餐，找个借口溜回了帐篷，他四处搜寻杂志，却什么也没找着，于是干脆戴上耳塞听摇滚。一切都死气沉沉。孩子的感观已经废了，他们压根儿摸不到、尝不到、闻不到也看不到自己正身处一个多么美妙的地方。对他们来说，这地方压根儿不美妙，事实上这地儿什么也不是。

如果你读过伊丽莎白·库伯勒—罗斯(Elisabeth Kubler-Ross)[1]

的作品，就知道你的孩子们正在经历怎样的阶段——拒绝、愤怒、沮丧、讨价还价——但看起来更像"悲伤"，似乎他们失去了什么。但真实的情况是：他们迷失了自我，或者说，他们失去了自身最真实的东西。他们停滞了自我。他们的自我个性，只要从都市信息洪流中脱离，就会停止运作。

你的家庭，如同大多数后现代家庭一样，在这个历史上的重要时代随波逐流。最近的两个世纪是人类生活方式锐变的两个世纪。人们不再生活在自然的世界中，转而进入人工的世界。二百万年以来，人类的性格及文化都由自然塑造[2]，而现在的一代又一代人，既不懂得辨识可食用的蘑菇，没有火柴也不会生火。他们成为了第一批完全由电子大众媒体打造生活方式的人。

现在，我们中的大多数已经与大自然完全分离。很少有人记得自己最后一次直接饮用河水的情景，记得臭菘的味道，或是旷野中星星的模样。上一次的"讲故事之夜"是什么时候？我们不记得有这样的夜晚，只记得《老友记》里主人翁讲述的他们的故事。我们分不清哪怕三种树木的品种，但记得拳王迈克·泰森（Mike Tyson）的最后一场比赛。我们解释不了天空为什么是蓝色，但是知道电影明星苏姗·露西（Susan Lucci）错过几次日间时段艾美奖（Daytime Emmy Award）。

疏离大自然似乎不是问题，其实这是个大问题。事实上，这简直是一场灾难。作者安妮·拉莫特（Anne Lamott）在她1994年的作品《关于写作：一只鸟接着一只鸟（Bird by Bird）》中描绘了某个加利福尼亚葡萄园早秋时的景象："这是一个你在地球上能找到的最撩人的地方：生机勃勃、郁郁葱葱，园子里挂满了一串串的葡萄，散发出阵阵旧时秋季的香味，阳光从葡萄叶间透了出来。葡萄美丽不可方物，让人激动不已。如果你不觉激动，只想到葡萄园主的利润，或是下个月满地腐烂的水果，那肯定是有什么人钻进了你的脑袋，搅得你一团糟。"[3]她是对的。有人已经钻进了我们的脑袋。现在最重要的一个议程就是：赶走他们，恢复神智。

重新发现自然世界不是什么难事，而应当是人类的本能行为。这不是指偶尔的一时兴起，为家里换换草坪而已。如果"地球"不只是一种"外界的存在"，而变成我们身体的延伸，我们一定会更加关注地球，就像关注我们的亲友一样。我们会参加德国哲学家伊曼努尔·康德

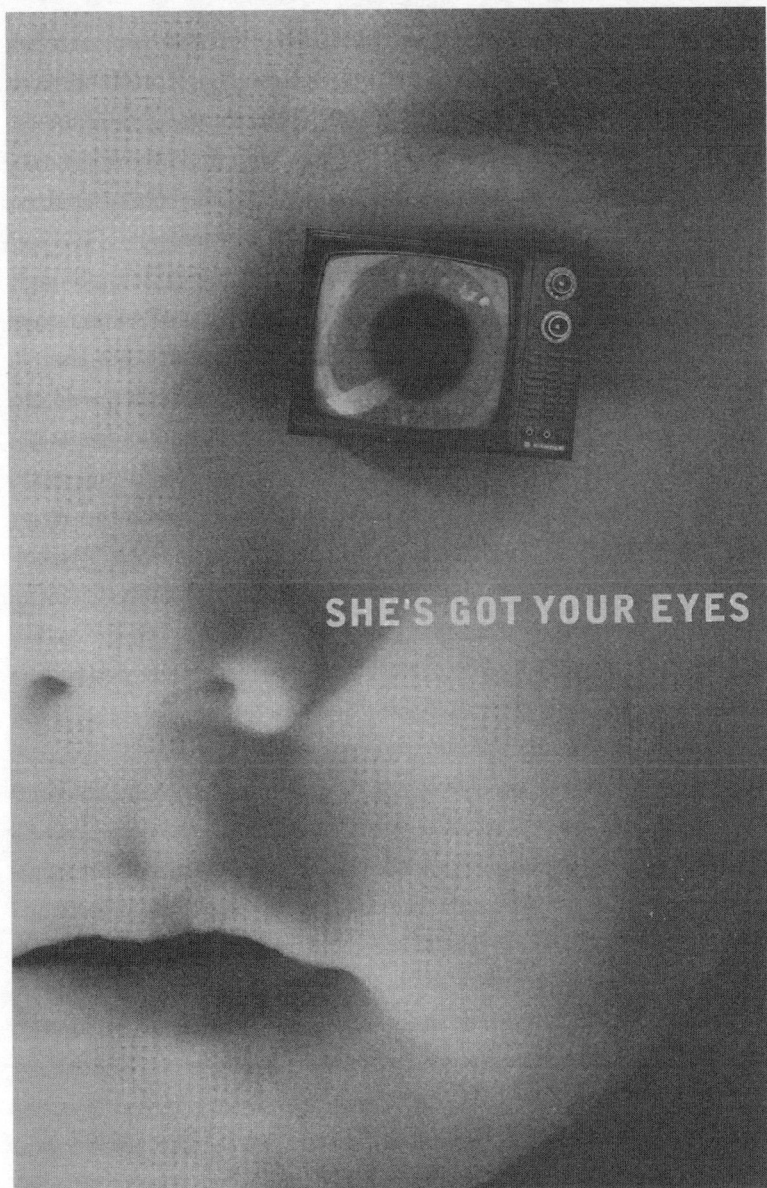

SHE'S GOT YOUR EYES

你的眼睛归她

（Immanuel Kant）所说的"美丽行动（beautiful acts）"而不是"道德行动"。我们会为地球的生存而努力。不因"义务和责任"迫使自己如此，而是因为这是对的事。1990年，一个名为"关照整个地球的心理学（Psychology As If the Whole Earth Mattered）"[4]的研讨会在以哈佛大学为基地的心理学与社会变迁中心（Harvard University's Center for Psychology and Social Change）举行。其小组成员指出："如果可以将'自然界'纳入'自我'的范畴，那么破坏世界就像是破坏自我。"

听起来挺有希望，但是，别激动。

对于"生态心理学家" 西奥多·罗扎克（ Theodore Roszak）来说，人类这种以星球为代价、全无顾忌的消费行为，其实是一种疾病[5]——这种疾病危害之大，并不小于"精神疾病诊断和统计手册（Diagnostic and Statistical Manual of Mental Disorder）"中列出的任何一种精神疾病。精神疾病诊断和统计手册（DSM IV）是现代心理精神疾病的百科全书。但是，由于这一现象出现得较晚，心理学家并未对其给予太多关注。

罗扎克认为，当前人类普遍存在的不安感是一种"自然界隔离焦虑症"。这个概念很容易理解。近年来，我们看过无数由于失败的婚姻关系，或是破裂的人际关系导致的心理崩溃现象。人类同自然界的分离导致的心理疾病与上述情况如出一辙。就像我们切断器官的主动脉，器官就会死亡一样。如果我们切断自然界同人类生活的关系，人类的精神就会死亡。事实就这么简单。

但是，大多数人对"美丽行动"非常陌生。

那些试图去树林露营进而增强家庭纽带的后现代家庭，并不能适应真实的户外时光、真实的树木、真实的交流。因为在他们的眼中，自然界就像是一幅外星球上的风景画，就连父母也操控不了它。没人有归属感。没人有方向感。精神恍惚的女儿只有在电视机前才能活过来，没精打采的儿子只有上网冲浪时才能活过来，父亲母亲只有在工作时才能活过来。与此同时，自然界郁郁葱葱，这样真实的景象不停地干扰他们的思想，打破电视、电脑、电话引起的精神恍惚：附近小溪"轰鸣"、四周蚊虫叮咬、"鲜血直流"。

生活在后现代的景观里，人类早已发生了变化。例如，我们中有大部分人把大部分时间花在某个精致飘渺的地方——它由人类的想象和欲望造就。然后，高度写实的自然渐渐变得普通起来。华丽、庞大、炫目、虚华、低劣成了"自然"的代名词，美国美学家亨利·路易斯·门肯（H.L.Mencken）把这称之为"丑陋的欲望"。"环境"，是由你目之所见、由你身边的景观所构成。某些时候，你会撞见某个局外人讲述哪一个环境里发生的故事——那个你不了解的世界。每当有人请求因纽特老人画一幅当地海岸的图画时，老人总会闭上眼睛，倾听岸边海浪的声音——这样的故事似乎有点荒谬可笑：谁还对"土地"那么熟悉呢？关键是，谁想这样？明明可以享受文明社会的舒适生活，却选择放弃，这样做究竟目的何在呢？

　　只要你开始提出这样的问题，显然，你已经遇到大麻烦了。如果你理解不了自然和人类日常生活紧密联系的重要性，那么，从那一刻开始，你已经开始——套用我的一位物理老师的话来说，"乱放炮"了。抛弃自然，就是抛弃神圣的感觉，更重要的是，你将迷失自我的方向。

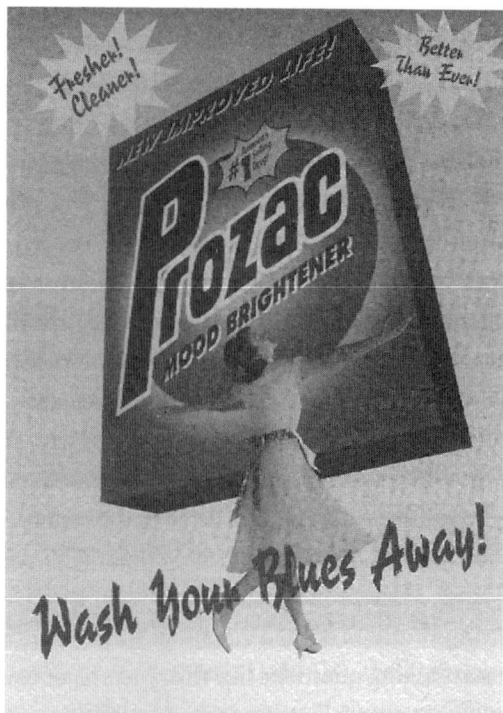

百忧解（Prozac）情绪增亮剂　　洗走忧郁

心灵生态

（The Ecology of Mind）

"人们都疯了么？"[6]作家吉姆·文道夫（Jim Windolf）在《纽约观察家（The New York Observer）》报1997年十月号上提出了这个问题，然后用数字给出了答案。

如果你把美国人声称患有的各种心理疾病综合在一起，浮现出的就是一个精神高度紧张的国家的形象。这个国家有一千万人患有"季节性情绪失调（Seasonal Affective Disorder）"，一千四百万人酗酒，一千五百万人精神抑郁，三百万人长期忍受"急性焦虑症（Panic Attack）"的折磨，一千万人有"边缘性人格障碍（Borderline Personality Disorder）"，一千二百万人患有"不宁腿综合征（restless leg）"，五百万人患"强迫症（obsessive）"，二百万人为"躁郁症（Manic–depressive）"患者，一千万人性瘾成癖。此外还有"慢性疲劳症（Chronic Fatigue Syndrome）"或是"化学物质过敏症(Multiple chemical sensitivity)"带来的诸多痛苦，以及一人身患多种精神疾病的情况。这一切的一切让文道夫得出如下结论："77％的成年人生活一团糟"。再加上一些新增的可量化的心理疾病，可以说"这个国家人人都是疯子"。

他大胆地提出，美国人正在变成只关心自己的讨人厌的忧郁症患者。为什么？因为他们能。人们的普遍心理就是"哭吧，大声哭吧"。任何微不足道的不适感都是合理的存在。感觉痛苦并不违法。只要你觉得自己病了，那你就是病了。

这话也许有一点点道理。身处和平之中，经济飞速发展，人们生活在一个危机爆发相对自由的时代。难道不会有人刻意制造危机，用小刺激制造大创伤么？但是可以肯定的是，事实的真相远不止如此。在我看来，我们的问题实际上是一个自我标识问题。太多人情绪消沉却不知原因何在。什么东西正在耗干他们的能量，蚕食他们的大脑——但究竟是什么？没人知道。

事实是：自二十世纪四十年代以来，各个年龄层中患有严重抑郁症的比例一直稳步上升[7]。自杀率、单相障碍（躁症或郁症）（Unipolar disorder）、双相障碍（躁症及郁症）(bipolar disorder)及酗酒飞速攀升[8]。美国人中患抑郁症的比例几乎高于世界上所有其他国家；跨文化数据显示，亚洲国家的美国化也使得它们的抑郁症患者比例同步上升[9]。另外，美国国家心理健康研究所（American National Institute of Mental Health）近期的一项研究证实，心境障碍问题已在二十世纪的每一代人中递次增加。通常情况下，我并不怎么相信这类数据，但我偶然的观察却证实了上述发展趋势。只有我，还是所有的父母现在都在依赖他林抗（Ritalin）精神失常药的帮助？孩子们精神亢奋、注意力分散、心不在焉。孩子们很难坚持某项"任务"，父母们也好不到哪里去：情绪变化快、容易走神。许多人——包括我自己——这些年来的情绪似乎都是在坐过山车，高高低低，波动异常，前一分钟还在天空翱翔，下一分钟已经跌落地面，精神抑郁。

为什么会这样呢？某些研究人员把原因归咎于环境污染物质：空气、水以及食物中的化学药剂。另一些人把目光转向文化和经济因素，认为是它们增加了日常生活的压力。没有人知道确切答案。

但是猜一猜也不错。在小说《洪堡的礼物（Humboldt's Gift）》中，作者索尔·贝娄（Saul Bellow）[10]疑惑地指出，为什么世界上其他国家的人都说自己深受上天的庇佑，而美国人却能毫无羞愧地说自己饱受"折磨"？他的答案是，大多数人把"折磨"等同于缺衣少食，除此之外，还有一种完全不同的"折磨"存在，那是由"生活过于富足（plentitude）"引起的。

尽管有悖常理，"生活过于富足"正是美国文化的负担。大多数美国人拥有所需的一切，但他们仍不满足。如果任何东西都唾手可得，没有什么来之不易，那么生活就会变得浅薄无意义。在这个巨型的时代——巨型合并企业、几十亿打造的大片、奢华的拿铁咖啡——我们展开双臂拥抱"多！更多！"这一价值观，就为了弥补不会显得"少！更少！"的生活。吃着速食却感到饥饿，正如一位佛教高僧所说，"饥饿不知为何"。富足的生活填饱了胃，也喂出了精神的不适。

在过去的十五年间，"消费文化"的秀场盛宴层出不穷，对它贪婪的刻画未有丝毫减弱，反而越来越强。为了迎合这一需求，媒体殖民化我们的精神环境，挤走人类本有的历史文化背景。他们的地盘上什么也没有，只有洪水般涌入的信息：市场激增，但地球变暖；这个秋天，潮人们穿着及膝裙招摇，东非地区的人们却在忍饥挨饿。

难道不正是这些东西——富足诅咒、图像爆炸、信息超载、媒体广告——把人类逼向疯狂的边缘么？但是，人们却把大笔的钱花在这些东西上面。正是这种被消费不断驱使的文化吞噬着人类，让我们生病。

看一看大多数人放松的方式吧。下班后，我们回到家中，已是精疲力竭；然后打开电视——完全是条件反射（如果独居，打开电视就可以制造有人同住的假象）。我们被动地在电视前坐了一个小时又一个小时，除了吃饭，几乎是一动不动。我们接收信息，却不加以转换。一张张图像飞进大脑，变成了我们的看法、知识、品味及欲望。我们看"人与自然"，却不轻易走入自然界。我们被情景喜剧逗得哈哈大笑，对配偶讲的笑话却不置一词。我们花无数个夜晚观看AV，而不同爱人做爱。媒体用幻想喂饱我们，再用幻想改变我们（还记得电影《发条橙（A Clockwork Orange）》么？为了治疗主角亚历克斯，"心理专家们"不正是采取了让他不停观看电视上的性爱和暴力镜头的厌恶疗法，才使他对"恶"产生厌恶之情的么？对于亚历克斯来说，现实世界和虚拟世界的界限已经模糊不清了。他说："只有现实世界被拍成电影的时候，它的颜色才变得真实起来。"），一层又一层虚无诡秘挡在世界与我们之间，最后我们变成了没有灵魂的木乃伊。商业大众传媒正在重组我们的神经细胞，复制我们的情感，把人类非物质的需求与物质牢牢地联系在一起。针头太小，我们几乎感觉不到注射器的存在；药物剂量正在一点点地增长，我们却没有意识到它的毒性有多大。

相对而言，这种毒药太过新颖——副作用尚不明朗。我们还在适应无处不在的传媒。我们是历史上第二或第三代在电子设备占主导作用的环境中成长起来的。人类历经几千代人才适应了陆地生活（即自然环境），因此，我们也可以做出合理的猜测：人类将至少用几十代人的时间才能适应新的电子大众传媒环境，尽管新环境正在快速取代我们原有的"自然环境"。激荡起伏的情绪及深深压制的愤怒或许正是这种人类环境重大变革带来的病症。我们是进化后的新一代，只需在电子海滩上喘息。

到目前为止，我们还未能解答一些关键的基础问题——如媒体暴力究竟是如何影响孩子们的——更不用说那些宏观的问题了。例如，当社会成员把清醒时光中的一半都花在虚拟环境中时，整个社会将发生何种变化？人们已经知道看电视和选举意愿之间的关系了[11]（看的电视越多，越不愿亲身参与到民主进程中）；人们也知道看电视与儿童肥胖症之间的关系了[12]（考虑到坏体形会蚕食自尊，我们可以说看电视成瘾对大多数儿童有害）。不仅如此，令大多数人怀疑的是，所谓心理机能究竟能起什么作用？因为不知情，从很大程度上来说——这也是最奇怪诡异的部分——人们并不怎么担心心理疾病。

十年前，没人会担心食物中的化学成分，或是工业生产带来的毒素；我们以为这些东西"都在许可范围内得到了有效控制"。事实上我们错得离谱。今天，在看待"精神环境"的问题上，我们正在重复当年的错误——天天都在"吃"毒药，却漠不关心，完全不作他想。精神环境如同空气和水，是宝贵的公共资源。我们得保护它不受外界纷扰入侵，正如我们十年前四处游说、设立"无烟区"一样。

禁烟运动之所以取得成功，不是因为宣传册上说香烟对朋友和家人的危害极大。人们需要的是强有力的数据，以证明吸二手烟的危害。"香烟无害""吸烟的权利大于呼吸清新空气的权力"这类华而不实的词藻打动不了公众，反而让他们坚定了内心的想法。

更重要的是，禁烟活动家们转变了人们对吸烟的认识和印象。他们使烟草公司不再是"酷"的代名词，并将死亡和吸烟这两个概念永恒地联系到一起。这或许就是精神环境战役中的第一场胜利——这个环境中充斥着各种各样的污染物质，就像河水里流淌着污物、云朵中布满烟尘。很久以前，我们学会了监控人类往自然界倾倒的污染物，或是监控人类从自然界吸收的污染物；现在，是时候注意对"精神污染源"的监控了。

一切都只是开始。接下来我要向大家介绍日常生活中常见的精神污染源和信息病原体——威胁人类精神生态系统的根源。

噪音

1996年，世界卫生组织宣布噪音成为主要的健康杀手之一，它会引起睡眠、血压以及消化等各方面的生理变化。现在我们进一步意识到，分贝过大并不是噪音危害的唯一方式。

几千年来，人类生活中的噪音不过是雨声、风声、说话声。现代世界的声音源却已大大不同。今天的噪音有各种频率，无法化解。越来越多的人患上的永久性耳鸣症——指因常期置身于高分贝噪音中（或因上了年纪），耳朵里持续产生"嗡嗡"声。耳鸣的治疗方案之一是给病患者戴上助听设备，不停播放"白噪声"。大脑会用白噪声分散注意力，遮蔽诸如汽车声之类的噪音，同时连同耳鸣的嗡嗡声一起过滤掉。对于未患耳鸣症的正常人来说，大脑的工作原理也是一样的。环境中的"白噪声"越多，过滤掉的噪音越多，听进耳朵里的噪音也就越少。最终，所有的声音都会变成"背景音乐"被人们忽略掉，于是，我们几乎什么噪音都听不到了。

噪音或许是人类知之最详的精神污染源了。事实上，这是唯一一个人们会贴上"精神污染源"标签的词语了。从交通高峰时段的"咆哮"声，到电冰箱的"嗡嗡"声，再到电脑发出的"呜呜"声（有些几乎听不见），各种频率的噪声（蓝噪声、白噪声、粉噪声、黑噪声）充斥着我们的精神环境。更糟糕的是，有时候这些噪声的音量奇大无比，一直在耳边呼啸。第二代，或者第三代人已经对这类"刺激"上瘾了。没点音乐就无法工作。不带随声听就跑不了步，不开电视就无法学习。音乐声和电脑的嗡鸣持续"按摩"我们的神经元。后现代时代的精髓说不定就在这些都市"乐谱"中。想要在布满电线的喧嚣世界中找到生活的真正意义，就像是住在高速路旁一样——你会习惯这种吵闹的生活，但少有警惕，也不太可能得到真正的幸福安宁。

"安静"现在成了个少见的"外国人"，但"他"或许正是人们所需要的。对于健康的心理来说，"安静"的意义非比寻常，就像干净的空气、水以及无化学污染的食物对于健康身体有重大意义一样。有了干净的精神环境，我们或许会发现所有的精神疾病都消失不见。但是，要"制造""安静"实属不易，也不切实际。但是，捡起大脑中的精神垃圾然后丢掉，还是有法可循：在牙科候诊时关掉电视；把嗡嗡叫的冰箱丢掉；关掉立体声；把电脑塞到桌子底下。诗人玛丽安·穆尔（Marianne

Moore）说，"深沉的感情只在沉默中体现"。我想她是对的。

震撼

噪音是一种震撼，但震撼不等同于噪音。在广播术语中，震撼是指任何干扰声音、思维或是图像生成的"技术事件"，例如，相机视角、枪击方位、商业份额的改变等。震撼就是迫使思维停滞不动的存在。

1978年，杰瑞·曼德尔（JerryMander）[13]在他的经典作品《消灭电视的四种争论（Four Argument for the Elimination of Television ）》中首次提出"技术事件"这一概念。他指出，在常规电视节目中，平均每分钟有十个"技术事件"[14]，商业电视节目中有二十个，公共电视只有三到四个。二十年后，这些数据已经翻倍。音乐电视（MTV）每分钟传送六十个"技术事件"，而一些观众还嫌不够，从一台转到另一台，就为了受到更多的"震撼"。（讽刺的是，频频换台的频道冲浪人，恰好既是"震撼"镜头恶性膨胀的原因，也是其结果。换的台越多，播音员带来的震撼越多，冲浪人的精神越集中，就越期待更多更快的震撼，越喜欢换台。）

为什么"震撼"如此有趣？行为心理学家伊凡·巴甫洛夫（Ivan Pavlov）是第一批试图解答此问题的人。任何刺激变化——即震撼——会帮助生物体释放出荷尔蒙，触发在生物编码上被称为"战斗或逃跑"的生理反应，这是一种当环境中有任何物质快于正常或"自然"速度发生时，生物体依赖警觉性争取生存从而产生的本能反应。这种反应残留在人的意识内，目的是帮助我们免死于洞穴中的野熊嘴下，而不是为了把我们粘在电视机上。

但是，大多数电视节目干的就是这事儿。节目脚本设计出来就为了每分钟最大限量地制造震撼（只在节目间歇让观众稍作休整）。看MTV时，你几乎全程都处于这种"战斗或逃跑"模式中。暴力情色镜头随机空降到节目中间，突兀空洞。"与新闻报道或主题电视节目所不同的是——两类节目通常蓄意准备暴力场景"，1995年一项针对MTV心理因素的研究表明，"音乐电视中突然出现的暴力镜头带来的效果更加震撼……可能会对观众产生更大的危害"。刚学走路的小孩只要坐在诸如《天线宝宝》一类的电视节目面前，就像被催眠一般，但是即使是一个嗷嗷待哺的小宝宝，只要把他放在MTV前，他也会表达出同等的狂喜之情。这是一种天性反应。传媒行业正在迅速地开发利用人类的这一天性。

二十世纪八十年代早期，技术进步改变了电影制作方式。在那之前，电影制作是一个痛苦艰难的过程。首先找到有机的故事框架，然后把各个组成部分编织在一起，形成电影故事。这种编织手法具体说来就是把十六毫米或是三十五毫米的一条条的胶片带手工编接在一起。加拿大国家电影局（NFB）的创办人约翰·格里尔逊（John Grierson）有一句著名格言，"只要顺序正确，一切都那么美丽"。这句话可以说是电影制作业的法则。今天，新的视频剪辑技术使电影制片人有了捷径可走。如果故事里有结构问题，嗯，别担心，用震撼的场景把它掩盖过去即可。遇上镜头连接有问题，也很简单！迷惑观众的思维，扰乱他们的大脑即可。电影故事剪辑已经越来越成为单纯的"震撼管理"过程。只要能创造足够多的震撼镜头，你就能做出动人的电影。

这就是商业传媒业在现代社会运作的前提：不断制造震撼，把观众的心悬在崖边，只在观众难以忍受的间隙，把他们的注意力转卖给广告商。说到底，如果没有仔细编排的层层震撼，后现代社会里还能有些什么景观？

有没有可能，震撼已经太多了呢？当然有。只要越过一定的界限，观众和听众就会停止接收涌入的信息，投降逃跑。虽被娱乐，实则麻痹。真实生活被电视节目叫了暂停。

或许，时间会量化这样的精神污染带来的后果。如果心理学家们能够像生物学家研究空气、水和食物中的化学物品一样，研究噪音和震撼级数给人类精神环境带来的影响，或许我们还能自行决定大脑吸收的安全"养分"是多少，我们还能将各类精神环境的风险进行比较。例如，把在洛杉矶生活的精神环境与波兰的精神环境相比较，或是把北美的成长环境同澳大利亚的成长环境相比较。然后，就能更加精确地创造出一套"宜居"指数，而不是单靠测量绿地空间、最低收入和学校数量决定是否宜居。

这套可信的精神环境指数，就可以帮助我们衡量电视节目和电视台：每分钟制造了多少次震撼；在公众思维里制造了多少次混乱；人们的精神健康会受到多大的影响。然后，我们就可以设立新的机构，用于减少，而非增大大脑被吸收的震撼感。

冲击

通常情况下，北美地区的观众在黄金时段的电视节目里平均每小时可以观看到五次暴力镜头，包括杀戮、枪击、攻击行为、汽车追尾和强奸。[15]现在，这类数据估计不会引起人们太大的反应了，最多让人打个哈欠。如果对各类暴力行为不加区分，人们确实会对它们无动于衷——摔跤竞技节目、黑帮电影《好家伙》、印度尼西亚警察棒打示威学生的晚间新闻，这些节目里的暴力镜头究竟有何不同？就连专家们似乎也难以确定，电视节目里的暴力镜头的出现频率是否呈上升趋势，近期的两项相关研究居然得出完全相反的结果。于是，其中一个研究小组负责人只好咕哝些方法不同一类的说辞，权作解释。[16]

所以，统计学之类的数据已经不怎么靠谱了，人们很难下结论说：无害。

我相信，商业传媒的第一要务就是贩售恐惧。埃及一辆满载游客的汽车遭枪击的新闻报道和警察内部腐败成风的新闻故事有一个共同之处，即它们都传递了一个概念——世界是一个危险重重、人情冷漠、不可信赖的所在。恐惧孕育不安全感，于是消费者文化为我们提供各式各样的方法买回安全感。

令人惊讶的是，媒体节目中的"性"卖点，似乎持续坚挺，一直保持牛市状态。节目制作人知道靠什么吸引观众、防止换台：性感的嘴唇、丰满的胸部、结实的臀部、青春的少男少女。

电视中的"性"同新闻节目一样，就是一场专门制造虚假信息的运动：真相被无限扩大，故事被过度炒作。如果你长得像电影名星或模特儿，异性会蜂拥而至；反之，则刚好相反。你敢说，在这样的价值观下生活，你的人生不会偏离本来面貌，有所改变吗？

在色情传媒环境下长大，人性已然发生变化。我认为这些节目实质上扭曲了性的真实面目。如果有人突然把手搭在你的肩上、突然抱住你，或是摇下车窗跟你调情，你会怎么想呢？虽然没有强有力的证据，但是，在我看来，商业节目中不断编造的性行为、强奸镜头以及色情书画，使人迷恋淫欲、喜好偷窥、贪得无厌、攻击性强。

同样，我也没办法提出强有力的证据，证明只要每天暴露在媒体暴力镜头之下，你就会对犯罪行为及其惩处办法改变看法，或是对某个巴士站身边那位陌生男士心生警惕。我只知道，我的天性中对友情的美好愿望以及对他人的信任，现已变得迟钝了。过去，我常常对想要搭便车的路人施以援手，现在却几乎不敢这么做了。我甚至极少同陌生人讲话。

电视节目中性和暴力如洪水般泛滥，因为传媒网络认定这是吸引观众最有效的方法。商业传媒之于精神环境，就像工厂之于物质环境。工厂把污染物倒在水或空气中，是因为这是生产木浆、塑料、钢铁的最高效的方法。电视台及广播电台"污染"文化环境，是因为它是吸引观众的最有效的做法。精神的缺失就是人类付出的代价。

广告炒作

广告是最流行，也是毒性最大的精神污染源。从清晨的第一段播音，到凌晨的深夜节目，商业污染的洪流不停冲击着你的大脑，几乎每天能冲入三千条销售信息。[17] 每一天，约有一百二十亿条平面广告、三百万条电台广告及二十多万条电视广告，被倒进北美人的意识里，人们却对此毫无所觉。[18]

公司广告（或是商业传媒？）是人类历史上最大的单一精神工程。但是，它对人们的影响一直以来却不为人所知，很大程度上被大家忽视了。只要想到近年来、近几十年来传媒带来的影响，我就会联想到欧文·卡梅伦（Ewen Cameron）博士的洗脑实验。[19] 卡梅伦博士是二十世纪五十年代蒙特利尔精神病院的医生，他主持了一项由美国中央情报局赞助的"精神控制"实验，目的是用耳机把有意识、无意识和半意识的主题内容植入实验体大脑内。随着时间的推移，成千上万不断重复的"驱动"信息就能改变实验体的行为。听起来似曾相识？广告的目的就与上述实验一致。卡梅伦博士的豚鼠在接受试验后，表现出严重的精神损伤，这件事因此成为一大丑闻。但是，没有人会对正在进行的大众传媒广告试验发出"嘘"声。事实上，新型"豚鼠"们每天还会自愿走进实验室。

商业信息繁殖稳定、不眠不休，我们根本没机会清醒过来，发现它的荒谬。广告已经不只会出现在诸如公交车、布告牌、体育场一类的常规地方了。在美国公司心中，只要目之所及，广告标语或是产品信息就能够而且必须出现。

低下身子捡高尔夫球，球洞底出现经纪公司的广告。给汽车加油，油管喷嘴上有条广告。等取款机吐钱，加拿大政府留学优惠广告

（GIC）在小屏幕上滚动。开车经过中心地带，麦田的风景不停被大广告牌打断。教室里播着百事可乐和士力架巧克力广告（学校为了得到免费的视频设备，经过该死的讨价还价，同意播放"第一频道"的广告）。你以为自己看见了一切，事实则不然。某个设在亚特兰大的销售公司宣称，他们计划把一个填满公司标志的充气式广告牌送到与地球旋转同步的轨道上，这个广告牌夜晚可见，就像是第二个月亮。英国短跑运动员克里斯蒂(Linford Christie)现身某新闻发布会，他在双眼瞳孔镶了一对很小的"美洲豹"，这对特制隐形镜片上还印有赞助商的标志。纽约软件工程师启动了一个项目，无论何时出席何种商务场合，都能把任一电脑上的光标变为本公司的图标。日本一位学生每天乘坐地铁时，都会穿一件电池供电的背心，每天两小时，让自己充当霓虹灯标志，帮助某电气巨头促销。德克萨斯州某学区管理层宣布，他们计划通过出售本学区的十七所学校屋顶作为广告用地，来增加本地区收入——屋顶广告能够抓住每年飞往达拉斯（译者注：美国德克萨斯州东北部的一个城市）的五千八百万商务客机乘客的注意力。孩子们在小腿上文上耐克标志。还有一些孩子，在派对上把真正的条形码穿上身，只要同学扫描条形码，就会显示诸如"我想跟你睡觉"一类的信息。澳大利亚悉尼一个名叫大卫·本特利的男孩儿，干脆把自己的脑袋租给公司做广告，每隔几周换一次发型，在头上剃个新广告。（"我敢肯定，我就读的那所高中里，每天至少会有2 000个同龄人读我的新发型，看看上面究竟写了些什么，"这位年轻的企业家说，"我只希望自己的脑袋能再大一点儿。"）你在超市拿起一只香蕉，小小的香蕉皮上也印着广告，为电影院暑假档做宣传。（"这种宣传广告还能进行互动，因为吃香蕉不剥香蕉皮儿可不行，"这种新型广告的某位策划执行人说道，"而且人们买水果时往往是从十个里面挑一个，因此会对广告内容有更深的印象。"）英国的童子军把荣誉勋章上的空白处卖给公司做广告。某澳大利亚电台把标志染在两百万颗鸡蛋上。IBM公司用扫描电子显微镜和镭射灯把公司标志打在旧金山上空的云层上，标志闪闪发光——让人不禁想起一千年来戈登长官召唤蝙蝠侠的方法（广告图像十英里以外也可看见）。顶好食品公司（Bestfoods）公布的计划是，把四季宝花生酱涂在一块干干脆脆的大饼干上，每天早晨低潮时把它放在新泽西的一块海滩上，海浪冲刷几个小时后，花生酱才会被完全洗掉（该公司还因为此种环保的广告方案广受称赞。）可口可乐公司与澳大利亚邮政机构达成六个月的协议，用可口可乐的标志代替邮票贴在包裹上。一个名叫VideoCarte的公司把交互屏幕安装在超市手推车上，这样人们就能一边购物一边观看他们的广告了。（该公司某执行官把这种小显示屏称作"当代最强大有效的微观销售传媒手段"。）

几年前，市场营销人员开始在大学校园的男士洗手间安装广告牌，高度刚好在小便池上方目光所及之处。在广告商看来，这简直是个绝妙的主意：小便时他们还能往哪儿看？但是，第一次听说这事儿时，我非常愤怒，觉得最后一个私密时刻被人利用了。"校园里的反应如何？"我问告诉我该故事的记者。"没什么反应。"他说。显然，这类广告牌早已在酒吧餐厅之类的地方随处可见，基本上有供男士小便的地方，就有广告牌，因此，男士们不仅不会与我分享愤怒之情，实际上他们还挺高兴在小便时能有转移视线的东西存在。

污染心理的洪水在我们身边四处泛滥，我们却在享受洪水来临时的每一分钟。广告语言并无意义，事实上，它比无意义更糟。它是一种"反语言"[20]，广告宣称讲述真相，实际上就是在扼杀真相。

我们无处可逃。无人有豁免权，无人是备用品。过去，每当我静下来的时候，我的脑海里就不停响起贝多芬的《第九交响曲》开篇音乐，现在，脑子里的声音变了，换成小孩不停地唱歌。

虚拟世界

在近期一次广告克星媒体基金会[21]派对上，两位年轻人走进大门，抓瓶啤酒就直奔电脑，在网络上待了两小时。除了偶尔有人站在他们身后，跟他们谈论几分钟，整场派对里，这两个年轻人几乎没跟任何人交流互动。我认识他们。两人都挺聪明，IQ测试分数极高，但是我很怀疑，如果有个关于"真实指数"的测试，他们能得多少分。该测试用于测量时间占用比例：在虚拟世界花的时间VS在"真实"环境花费的时间。测量数据很容易计算：在笔记本上记下你一天中在真实环境里同真人接触、因真正的笑话发笑的时间，然后在另一页记下由于媒体影响发笑的时间；在一页上记下你做爱的次数，在另一页上记下你观看性爱节目的次数。诸如此类记录完整后，加减对比，得出结论。

这类心理环境指数应当很能说明问题。

无数机会和刺激驱使我们在网络空间消耗时间，要么就是利用电视机帮助思考。这就是"虚拟世界"：一个中介世界。它像子宫孕育生命，有着无穷诱惑力。要说这不是个好地方，实在是太难了。在虚拟世界，你可以忘记公民身份，忘记现实世界是一个需要交流互动的地方。某一天，我正盯着面包机，等着百吉饼烤好，突然觉得自己将受到一次震撼。常常跟电脑待在一起的人体内总有个"闹钟"，它规定好每一天允许静止沉默的有限时间（例如，"屏保"弹开前的几秒），因此，你的第六感总能告诉自己何时应该开始动作。发生在我身上的情况是，因为盯着面包机，我几乎有一分钟没有动过鼠标或移动过电脑光标，于是我清晰地感觉，自己马上要被迫下线了。我会失掉与他人的联系。百吉饼刚刚烤好弹出，我就冲回了真实的感观世界。面包香味飘进我的鼻子，我想到老伍迪·艾伦（Woody Allen）的一句话，大意是：不管你怎么看待现实世界，它都是唯一一个可以让你吃到香喷喷的百吉饼的地方。

侵蚀情感共鸣

新一轮浪潮冲击了社会。社会变得太陌生，人们还不知应当如何定义，只知它是广告人捏造的结果。广告人见消费者已经疲惫不堪，而普通媒体咨讯能做的不过是给点"性愉悦"或是来一次智力游戏，于是广告出现，冲击开始了，直击人的灵魂。这些广告不聪明也不羞涩，但是无比病态，令人深感不安。《广告时代》杂志专栏作家鲍勃·加菲尔德（Bob Garfield）把这种新社会叫做"广告城市（Advertrocities）"。贝纳通公司的广告宣传以艾滋病人和波斯尼亚死难士兵为噱头。CK品牌模特吸食毒品过量，在打靶场上瞌睡。迪赛（Diesel）牛仔裤神秘的"广告里的广告"登陆韩国，其典型镜头是，瘦得皮包骨的模特站在满载乘客的公交车旁，车里都是些（我猜）忍饥挨饿、饱受折磨的本地人（公交车上的广告标语是"瘦到无极限"）。

我想，这些广告或许有着连广告人自己也不明白的深度。它们的影响力积累在一起，就会使人类丧失情感共鸣的能力，丧失认真对待社会问题的能力，使人们面对暴行麻木不仁。它们使我们对他人的喜怒哀乐习以为常，它们让我们面对人性化的事物时深感不适。开始时我们假装不在乎，不在乎广告人挖我们的伤疤，后来，我们就真的不在乎了。

第一次在电视上看到饥饿的儿童，我们心惊胆战，可能还寄去了钱。但是，这类形象出现得越来越多，我们对它们越来越熟悉，同情心于是越变越少。最终，这种广告变得让我们厌恶不已。我们再也不想看到任何饥饿儿童的照片了。对暴力的关注也是这样渐渐被耗尽的，对性爱的反应也是如此。

传奇超模克劳蒂亚·雪佛（Claudia Schiffer）穿着Guess牌牛仔服的形象曾一度深入人心，现在这些超模再也引不起我们的兴趣了，因为真人看起来没什么性感的，我们对电脑主板的欲望倒是越来越强烈。

这种情感磨灭的过程就是自我处决的过程。心理侵蚀得越厉害，对侵蚀的敏感度越低。心灵越冷漠，对事物的反应越冷漠。某一天，我们的思维会变成个荒谬的大剧院，到那时，可就防震防电了。

信息超载

《纽约周报》周末版一天传递给人们的信息量，就比文艺复兴时期一年传递的信息量还要多。信息过量，使所谓"数据烟雾"在山谷中飘荡。困惑不已的学生们不得不哀叹："我不需要知道这么多，我已经知道太多了，完全没法儿理解。"威廉·吉布森（William Ford Gibson）有部小说《非常特务（Johnny Mnemonic）》，信息载让书中主人翁强尼染上了一种叫作"黑色摇摆（black shakes）"的东西。当然，这不过是科幻小说里的幻想，但是，任何购买过碟形卫星信号接收器或是登陆过Lexis/Nexis数据库的人，肯定都会感同身受。

"对我们来说，大多数信息早就没用了，"[22] 尼尔·波兹曼（Neil Postman），《娱乐至死（Amusing Ourselves to Death）》一书的作者写道，"信息，已经成为某种形式的垃圾。人们对其不加选择——没人指挥，也没什么用处；我们困在信息的沼泽地里，没法控制它，也不知该拿它怎么办。之所以不知该怎么办，是因为我们的思维早已丧失条理，对世间万物，对与他人的关系，对世界本身已不甚了解。我们不知道自己从哪儿来，要到哪儿去，也不知道自己为什么要去那儿。我们缺乏统一的构架指引我们找出问题并解决问题。因此，什么是有意义，什么是有用，什么是相关信息，我们没有评判标准。针对信息过量采取的防御措施已经崩溃；我们的信息免疫系统已经失效了。"

信息毒素

现在，如果吸收过量信息，信息质量就很难保证了。媒体展现我们面前的"现实"常常具有导向性。广告夸大真相，新闻只报道部分事实，白宫的新闻发布会都是经过精心修剪的，目的是让总统看起来玉树临风。我们总被当成傻瓜，身边的信息要么被过分夸大，要么就是谎言。

销售人员、传媒幕僚以及公共关系部门负责制造宣传，他们认识到——虽然社会不想承认——虚假信息才是社会主流。

难道不是有大批受人尊重的科学家相信，人类活动正在改变地球气候？是的，当然是。行，既然是这样，那么，就让我们破坏掉他们的信仰，找到并支助那些持相反意见的人。把与科学家相反的意见四处散播，这些思想就会在精神环境中不断积累，就像水银的毒性会在生态环境中不断累积一样。一旦有足够多的毒素存在，公众意识的平衡就会倾斜。支助一个低端活动，呼吁"任何对汽车的威胁都是对人性自由的攻击"。创造一个"草根"团体，捍卫开车的权利。把"反开车"活动家描绘成那种渴望回归骑马、驾马车时代的顽固分子。然后，舒服地坐下，静观你的信息毒素四处蔓延，做好准备，迎接一年又一年的汽车大卖吧！

来得及找到解毒剂，并保护我们的思想不受感染吗？答案或许取决于我们究竟摄入了多少分量的最强效的信息毒素：愤世嫉俗。

缺乏信息多样化

信息多样化是人类长久保持生物多样性的关键。两者都是人类生存的根基。因此，如果一个人能够自行控制一个国家半数以上的日报——像加拿大人康拉德·布莱克（Conrad Black）所做的一样；或是掌握一个全球性的传媒帝国——像鲁伯特·默多克（Rupert Murdoch）的传媒帝国那么大，事情就严重了，公众的眼界得缩水了。现在，为数不多的超级传媒企业控制着全球的日报、电视节目、杂志、图书出版、电影、家庭视频和音乐产业，信息及文化的多样性因此直线下跌。

1998年，加德满都做了一项民意调查，目标群是某学校十一岁至十五岁的少男少女[23]。调查结果显示，他们最爱的电视节目是MTV，最受欢迎的电台是国际流行音乐频率Hits FM。几乎没有学生观看尼泊尔电视频道或是印度Doordarshan国家电视台。美国"A.C.尼尔森"广播公司同年所做的调查显示，在十二个亚太国家中，可口可乐成为十一岁儿童最爱的饮料（在泰国则是百事可乐）[24]。在伦敦市区、曼谷、东京或是洛杉矶，你都会不可避免地在这个街角看到麦当劳餐厅，那条街上看到"贝纳通"品牌成衣店，还会看到满大街的跨国公司标志。

思维的环境保护运动

"曾经，在美国心脏地带有座城市，在那里，所有生命都和谐快乐地生活在一起……然而，奇怪的病症突然袭击了这座城市，一切都变了。"

蕾切尔·卡逊(Rachel Carson)那篇著名的环保檄文《寂静的春天（Silent Spring）》中虚构的那座被怪病袭击的城市，其实就是美国的每一个城市。[25]曾经我们过着物资富饶、多姿多彩的幸福生活。后来，人为干扰破坏了自然和谐。于是，在某个寂静的春天，母鸡孵不出小鸡，牛羊染病死亡，鸟儿张开翅膀一去不复返，农户们家里谈的都是各种各样的疾病。"这是一个，"卡逊说，"无声的春天。"

没有巫术，没有敌军，也没有自然灾难，这个世界寂静无声，在本该有无数新生命诞生的季节一片沉静。是人类自己造成了这一切，我们的"武器"是化学药品和杀虫剂。

三十年前卡逊所作的文字和比喻在今天也仍然适用，适用于形容我们为自己"创造"的精神环境。在这个时代，每个城市都响着同样的声音，只要这个声音一声令下，所有牛羊都得服从命令，应声而倒。世界被击中了，不再为我们所熟悉。在这里，生活与其说是无声的，不如说是被设计好的。

再也不能污染我们的思想了！再也不能允许广告人掠夺我们的情感了！我们不能让为数不多的媒体大亨控制全球通信的上层建筑。曾经，《寂静的春天》以及同类的图书作品冲击了我们的灵魂，让我们意识到，自然环境正在人类手中死去，拯救大自然的浪潮应运而生，世界也因此而改变。现在，是时候为人类的精神家园作同样的斗争了。

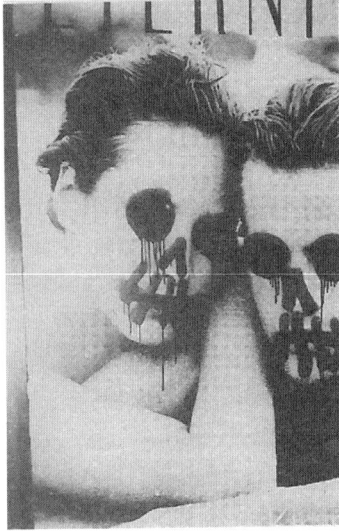

媒体病毒

（Media Virus）

　　二十五年前，世界还没有完全丧失所有的天真和理想。那时，我住在某电影公社，粗制滥造些试验性质的电影——五至十分钟长度的文化评论短片。社区里的每一位成员都对电影心驰神往，痴迷于它们的神奇魔力，幻想能靠它们改变世界。好几年来，我们在太平洋西北地区放映我们的短片，观众都是些小群体，但是，我们的内心叫嚣着，渴求更高的曝光率。我们把其中视角最敏锐的部分浓缩成30或60秒长的预告片，打算作为"非商业"付费短片在电台播放。那时候，午夜时段在本地电视台播放30秒的短片只需支付大约50美元。我们这样的穷人也能付得起那费用。于是，我走进加拿大广播公司（Canadian Broadcasting Corporation）总部，包里揣着几百美元，打算购买几分钟的广播时间。CBC的销售部在温哥华市中心一座华丽的大厦二楼。我记得自己当时吓得不得了，被一片嘲笑声赶出了门。"我不知道你这东西究竟是什么，"销售经理看了看我提供的情节串连图板，然后说，"但肯定不是'商业'短片。"

　　市民拿着钱，却在加拿大的公司广播系统买不到播放时段，我觉得这事儿实在太奇怪了，于是给加拿大广播电视和电信委员会（Canadian Radio-television and Telecommunications Commission ）——即加拿大广播电视管理机构——写了封信，询问公民是否有权购买公共频段的无线电或电视广播放映节目。回信彬彬有礼，大意说现在这块的规定还不是很明确，广播公司有它们的权利，公民也有自己的权利，法律还没有相关条文可以用来解决这类问题，等等。这就是全部回复。后来，我成为了一名职业纪录电影制作人，之前遭遇的言论自由权的问题被我抛诸脑后，直到1989年。

那一年，加拿大"不列颠哥伦比亚省（B.C.）"的伐木行业，因其行业形象快速下滑，启动了一项耗资数百万的公关活动。在温哥华的所有公交车站，铺天盖地地张贴宣传画。每晚一打开电视，就有播音员用平滑的语调宣传该行业在森林管理方面取得的巨大成效。这个系列短片，是由当时城里最大的广告代理机构制作，广告结尾总是一再高声保证，我们不列颠哥伦比亚人不需要再害怕，我们的森林现在被照管得很好，我们会让"森林永在"。"森林永在"这条宣传口号像一条信息毒素，蔓延整个不列颠哥伦比亚省。

知道森林真相的本地人愤怒了。伐木业居然如此嚣张，公然撒谎。事实上，B.C.及太平洋西北地区的森林许久以来管理不当，开发过度。多年来，木料公司的老板眼中只有木料，没有树木。他们不经公众同意，过度砍伐已经长成的大树。满山遍野都是被砍断的树桩，大马哈鱼洄流的水域因此受到污染，鱼群濒死。人们举行大规模示威游行及非暴力不合作运动，阻止继续毁坏这个世界上现有的最繁茂的雨林。

于是，我和野外电影摄影师比尔·施迈茨（Bill Schmalz）及六位环境绿化活动家在内的一群人，发起了一项运动：神秘森林。这项运动旨在告诉外界故事的另一面：伐木行业的砍伐量已经超过可持续发展的要求，本省林业的未来岌岌可危。

但是，当我们试图为自己的广告购买电视频段时，电视台拒绝了我们。在加拿大广播公司（CBC），正是当年用嘲笑将我扫地出门的那位销售经理，再一次拒绝收我们的钱（好在这次他没有笑）。他一边拒绝播放"神秘森林"广告，另一方面却继续出售频段给"森林永在"运动方。这样的做法荒谬可笑，毫不民主，让我们群情激愤。

我们动用一切力量开始还击。我们发行报纸，追踪记者，在森林公司总部门口抗议。到处有我们的评论文章——本地报纸、电视新闻、电台脱口秀节目。突然，森林公司开始败退。在严密的调查下，他们"森林永在"的许诺倒塌了。他们花掉的几百万公关费，变成气泡，"砰"的一声，在他们脸上爆掉。CBC公司也被推到了声讨的风口浪尖上。几百个不列颠哥伦比亚人打电话到CBC总部，要求知道为什么森林公司可以购买电视频段，环保人士却不能。

出人意料的是，几周后，CBC改邪归正。他们没有播放我们的节目，但是，"森林永在"节目也下线了。这项举动，重挫了伐木业的脸面，助长了环保人士的士气。许多当地人——其中许多人是第一次——开始怀疑森林里究竟发生了什么，以及，更为重要的是，开始认真质疑电视节目的真实性。

我们分文不花，借伐木行业自己的手，给了他们重重一击。我们心满意足，这种令人陶醉的情绪催生了广告克星媒体基金会，简称广告克星或媒体基金会。我们决定发起更多运动，制作更多电视节目，揭露这个时代的重大问题，并坚持享有为播放这类节目而购买商业广播时段的权利。同时，我们发行了由媒体激进主义者组稿编写的杂志《广告克星》。在此后不久，文化干扰运动总部登陆万维网，网址为www.adbusters.org。

针对汽车行业，我们制作了名为"汽车龙"的电视节目，里面有一条由废旧汽车组成的暴怒的恐龙横冲直撞；"恋物癖"节目旨在批评时尚产业，节目刻画了一个食欲过盛的凯特·摩丝的形象；"关电视周"的战役持续一年之久，目的是鼓励人们少看电视；还有"零购买日"节目。所有这些节目无一例外地，反复地被不止CBC，还有北美地区所有广播电视网络拒绝播放。这些公司中包括全美三大广播公司：美国全国广播公司（NBC）、（美）哥伦比亚广播公司（CBS）以及美国广播公司（ABC）。美国有线电视新闻网（CNN）最后倒是同意播放"零购买日"公益广告，但那不过是《华尔街日报》一位记者像斗牛犬一般不断施压后的结果。这一次，我们制作的不再是低成本的商业影片了。这些影片专业、高效。冒犯广播公司那脆弱神经的，不再是也不可能是影片的制作手法。他们拒绝的，是影片的内容。

直至今天，阻力仍在。

有时，这群伪君子堂而皇之地叫嚣，让人气恼。每一个圣诞季，电视广播里都充斥着各类消费信息，似乎我们的文化正在酝酿一场纵情购物的旋风。但是，一年又一年过去了，三大广播公司仍是拒绝播放我们的节目"零购买日"。

这些年来，我用去无数时间，与广播公司负责人争论，为何他们对我们的节目如此之苛刻。下面就是其中一些人的申辩：

"法律并没有明文规定我们必须播映哪一类节目——决定权在我们

手上。"

———ABC纽约站经理阿特·摩尔（Art Moore）

"我们无意播放任何有害于正当商业利益的广告。"

———NBC广播公司商务清理部经理里查德·吉特（Richard Gitter）

"我怀疑你能在这座城里找到一位负责人愿意接收你的广告。"

———CBS公司纽约分部利比·霍金斯（Libby Hawkins）

"我们从不出售任何时段给社会热点类广告，因为这会使一些握有财政资源的人控制公共政策。"

———CBS波士顿公共事务部经理唐纳德·劳尔瑞（Donald Lowery）

"这条商业短篇（指'零购买日'）……与当前美国经济政策相悖。"

———CBS公司罗伯特·L.洛里（Robert L. Lowary）

这些话听起来似曾相识，让我毛骨悚然。我出生在爱沙尼亚，那里曾是苏联的加盟共和国。五十年前，苏联统治者不允许人民发表任何反对政府的言论。爱尔尼亚干脆不提供任何传媒渠道供公众就争议较大的社会问题进行辩论，因为政府不希望出现这类讨论。苏联某些持不同政见的人曾说，"公开演讲"这类活动在他们的国家已经消失了。[26]好在，那个年代的沉默压抑终于受到了公正的批评。世界上大部分国家见证了苏联，在所谓的辩护中，分崩离析，瓦解崩塌。

但是，今天的北美，公众自由言论权正在经受类似苏联一般的考验。公众试图挑战消费观、商业观及相关的公司，却缺少传媒空间。苏联禁止公开发表公众言论；今天的北美则禁止公开发表反对赞助商的言论。

不能发表公开言论，无处获取公众信息，这股歪风邪气已经刮过各个层面的各类媒体。从小镇报社里成长起来的青年记者曾试图做些真正有意义的新闻调查，最后却总是无一例外地写些无关紧要的报道了事。事件经过通常是这样的：城外有个冶炼厂或是纸浆厂。厂方雇佣了许多本地人，为地区建设捐了许多钱。不幸的是，这个厂恰巧是环境的噩梦。许多年来，它不停地排泄重金属，污染河流，毒害含水土层。记者试图查明真相。她打电话给公司外联部，被轰了出来。她打给该公司负责人，从未接到回电。第二天，出版商把记者叫到了办公室，命令她放弃这篇报道。"那个公司是受人尊重的社区一员，"顶头上司告诉她，"他们每年购买大量彩色增刊，而且每年都会举办夏季烧烤会，邀请所有广告商参加。别再继续跟那篇报道了。可以写的事情还有许多。你看，明天有人要粉刷网球场，去'那儿'找点好故事写吧。"

整个行业链的运作方式都是如此。

大广告商正在影响整个北美地区每个编辑部的每一条决策。但愿这不是有意识行为的结果。马凯特大学（Marquette University）1992年曾做过一次问卷调查。参与此次问卷的90%的新闻编辑说，[27]他们被广告商"直接施压"，要求变更新闻内容；多于三分之一的新闻编辑承认，他们曾在某个时候，被迫妥协，接受了广告商的意见，按广告商说的做。重要的广告商被不痛不痒地挠了一爪，而重要的新闻，却因他们被埋葬。

那些最高尚、最道德的广播公司和出版物也不能幸免。他们受困于具有强大吸引力的"浮士德式的契约"中，新闻精神得不到满足。

美国公共广播公司（PBS）的王牌节目"新闻一小时[28]（News Hour）"是由ADM公司（Archer Daniels Midland）投资开办，于是，1995年关于这个农业综合企业巨头的定价丑闻轻轻松松地就被忽视了。

《纽约客(The New Yorker)》杂志近来与日本豪华邮轮公司水晶邮轮(Crystal Cruises)达成协议，同意派遣7位高水平作者及编辑参加水晶游轮的世界巡游，并在游轮上发表一些演讲。作为回报，水晶公司同意购买该杂志六整版广告页，用于对此次巡游进行促销。广告标题定为"纽约客出航"，旨在吸引那些希望受到高端杂志人潜移默化、增长智慧的有钱人。

我们会被这些肮脏交易带去哪里？答案或许是"网络空间"。在那里，客观的"新闻"报道以超文本格式，链接到某广告商网站。图书巨头巴诺书店（Barnes & Noble）付钱给《纽约时报》和《洛杉矶时报》，它们则把点击热点新闻标题的读者直接送到书店的虚拟总部，供读者订购图书。

有了先例，许多观察家因此预测，商业力量将全面入侵网络。你在网上读到了乡村音乐歌手约翰·丹佛(John Denver)的讣告，于是开始缅怀过去。但是，想从这种怀旧情绪中解脱出来很容易：双击"高高的洛基山（Rocky Mountain High）"，就能进入唱片公司的虚拟总部，购买一套丹佛金曲合集。[29]喜欢某公司提到硅谷成长史么？为什么不直接从在线证券所购买这个公司的股票呢？只需双击即可。

1997年，克莱斯勒（Chrysler），美国五大广告商之一，写信给一百家报纸杂志编辑，要求查阅所有可能造成公司损失或争议的报道。[30]"这样做是为了避免潜在冲突，克莱斯勒公司要求自己先行一步，警惕任何及所有关于性、政治、社会问题的文字内容，以及任何有可能被理解为侮辱挑衅的内容。"据克莱斯勒公司一位发言人称，他们发出的每一封信都收到了回复，同意他们的要求。类似这种对文字编辑的控制弥漫整个业界，无声无息。

今天的媒体环境，是广告商制定规则的环境，赞助商就是国王。这一理念在媒体圈中根深蒂固，成为不言而喻的行动代码。权力、特权等词语，是低层次的年轻作家们必须认识的教训。只要抓住了上述智慧，他们就能顺着梯子往上爬。不论是小型的社区周刊，还是大都市或是国家级日报，从《福布斯》到《建筑细部（Details）》杂志，再到NBC，ABC，以及CBS，整个社会通信体系已经烂到骨子里，坏透了。

初学者的消费主义

"嗨，亲爱的，今天我给你买了点东西！"
"噢，亲爱的，你实在是太棒了！"

被洗脑的消费者

（The Manchurian Consumer）

美国滑稽家庭录像集锦中有这么一个片段[31]：两个年轻人坐在篮球筐下一条高高的长凳上；其中一个冲向篮球架，跳上长凳，扣篮得分，得意扬扬地离开"舞台"；另一个家伙也想试试，运气却不怎么样，他冲过来，脚却踩空了，双腿叉开，重重地跨坐在长凳上。全场爆笑。现场演播厅里的观众笑得直不起腰来。突然，你发现自己也在笑。

但是，究竟是什么那么好笑？摔倒的倒霉样儿？没什么奇怪的。腹股沟受伤就是这部剧的看点，它和喜剧天才巴斯特·基顿（Buster Keaton）的作品完全没得比。事实上，电视特技太过明显，那个倒霉孩子明显是个上当的傻蛋，他就是这部在全国范围播出的电视短片为观众提供的受害者。人类的真实反应本应是同情，或是遗憾。

然而，你笑了。你笑，是因为所有的暗示告诉你要笑。后期制作添加的笑声声迹（将观众的笑声加入电视表演节目的声道中的录音)和现场观众的反应形成双面夹击。你笑，主要是因为在伯班克（Burbank）某个角落的办公室里，有人付给广播电视负责人50万美元，保证让你笑。现场演播厅的观众笑什么，你就笑什么，当然对演播厅里的反应作了一点后期数字修饰。铃一响你就流口水（喜剧片里要是没有笑声声迹，电视制作人就紧张异常。为何我们鲜少见到没有笑声作背景的喜剧片？原因就在这里。）"在我们那里，逗观众笑是一件非常神圣的事，"为了说服ABC公司——作家艾伦·索金（Aaron Sorkin）极不情愿在自己的新节目"体育之夜"中添加笑声声迹，他说，"靠电脑按钮制造笑声，这让我很不舒服，我不希望这样做事。"

糟糕!

这是一个星期五的夜晚,你在观看一部老片,喜剧片《瑞奇的工作》(Ricky Business)。年轻得不可思议的汤姆·克鲁斯戴着雷朋Wayfarer系列墨镜,你也有个一模一样的墨镜。是巧合么?这部电影上映时,正是你对"酷"的概念似懂非懂的年纪。你不记得自己是否有意选购同款墨镜,但事实是,到了购买太阳镜的时候,你自然而然地选择了雷朋。现在,你还戴着这款墨镜,仍旧觉得它很炫。于是你开始思考植入广告一类的事情。究竟有多少商标曾出现在好莱坞镜头里,并影响了你的购置计划?去年买的笔记本电脑,是否就是《独立日》(Independence Day)里用来拯救地球的那台?刚才一时冲动买的那瓶乐倍(Dr. Pepper)饮料,还记得么?是阿甘喝过的。

过去看到演员手拿喜力啤酒,或是Baskin-Robbins牌冰淇淋,观众总觉得怪异。因为它意味着现实世界入侵了"无品牌"的梦想世界,打破了咒语。但是现在,广告植入在电影里屡见不鲜。(许多人认为,正是1982年的电影《E.T》,开创了植入广告的先河。电影里有一个场景:一个小孩为了抓住一个被遗弃的外星人,用了经典的拐卖少女招式:把一颗糖放在脏兮兮的地上,糖果商标清晰可见"Reese's Pieces"。)但是,就像你可能压根不会留意某部小说或歌曲中提到的品牌一样,正因为植入式广告无处不在,人们反而对其视而不见。就广告效果而言,来源于生活又高于生活的科幻类作品说服力更强。我们相信某个角色喝的是"Miller牌"啤酒,而不只是"啤酒"。

说到底,现在时机成熟,我们完全可以供人操控了。身处各式标志之中,却完全不会留意它们。虽说笑声声迹也无所不在,情况却完全不同。标志一类的东西,已经变成了生活的背景,或者说人们自动自发对它们不作理会。我们放弃了精神控制。控制权转交给了谁?全美无数个娱乐营销机构,那些把产品从电影镜头中移进(或移出)的机构。那些机构充当着文化和商业界的中间商。它们在幕后转来转去,你甚至不会问为什么,例如,在电影《甜心先生》里,"耐克"只出现过一次,尽管这是一部全剧贯穿运动员商品化的耐克精神的影片。原因是:锐步付给三星影业公司一百五十万美元,在该影片中为其产品做广告宣传。[32]

某些品牌在电影电视中出现,是因为公司花钱植入广告,有些则跟广告无关。你永远分不清"可口可乐"之所以出现在影片中,究竟是偶然现象，还是付十万美元植入广告的结果。你永远分不清自然的故事情节和刻意打造的公司文化情节究竟有何不同。既然不知情，一切有何意义？它对文化稳定有何影响？你可知自己身在何方，长在何地？你可知自己究竟是谁？

糟糕！

这是1997年8月31日。戴安娜王妃的死讯传来。坦白说，你特别关心君主制，但你更爱这位勇敢的王妃。你追着新闻看：余波、分析、吊唁、葬礼。艾尔顿·约翰的演唱催人泪下，你发现自己坐在电视机前默默流泪。已经午夜了。"人民的王妃"逝世了。

奇怪的事情发生了：你在哭，但是不知自己为什么哭。即使哪位亲朋离世，你也哭得没这么伤心。可你确实在哭。这很疯狂。哭的人还不止你一个。此刻，全世界都在为戴安娜"痛哭"，甚至于有点歇斯底里。许多人，事后在媒体上称自己不知为何如此伤悲。他们承认，与其说自己是在为戴安娜悲伤，不如说是在为任何一位像她那样的人悲伤——就像学生时代，人有时会为爱而爱一样。

死亡造就了戴安娜王妃的传奇，更重要的是，使她成为一个文化记号，跟耐克标志或是麦当劳的金色拱门一样。她有着法国新浪潮哲学家让·波德里亚（Jean Baudrillard）所说的"商业符号价值"。在我们的思维里，她的脸庞代表着世界上所有美好事物：怜悯、谦虚、善良和爱。她是代表我们文化精髓的女英雄，是人人梦想成为的典范。十五年来，她为媒体穿衣，为公众打扮，和相机调情（尽管她曾声称瞧不起摄影师）；十五年来，我们在她的引导下消费。是她创造了难忘的媒体时刻，那个观众坐在电视机前泪流不止的时刻。"戴安娜"三个字代表的不是产品，而是品牌。

糟糕！

评估自己。看看你开的车、穿的衣服、吃的东西、抽的烟、读的书，这些东西代表"你"吗？如果给人类学家一叠资料，在上面列出你的一切所有物，他们是否能据此精确地勾勒出你的肖像、你的性格？这幅肖像是否能代表你真实的"类型"？篮球运动员撞头，你笑；戴安娜逝世，你哭，这些笑这些哭都是真的吗？为何笑和哭又是真的呢？

如果不是，那么你只能怀疑：我还有哪儿是真实的呢？我真心喜爱钻石吗？我真爱自己的另一半吗？我真的喜欢纯麦芽苏格兰威士忌吗？

我为什么害怕去埃及旅游？我每天购买的无数产品，真的是自己愿意买的吗？

由里查德·康登（Richard Condon）[33]1959年写作的小说《谍网迷魂》（The Manchurian Candidate）改编的电影，被著名影评人宝琳·凯尔（Pauline Kael）称为"好莱坞有史以来最辛辣的政治讽刺作品"。该作品讲述这样一个故事：一位美国士兵在朝鲜战争中不幸被捕，被秘密洗脑后成为机器般的杀手；他回到美国，只待之前设定的命令下达，就会执行暗杀总统的行动。

这部影片的潜台词是，美国人正在被现行的宣传媒体分离，却完全意识不到这一点。现代社会的消费者就是影片中那个意识离体的士兵。他模糊地记得早年的生活，记得曾经的试验，但这些记忆只是碎片，很难拼凑起来。或是药物的影响，或是因为当时年纪轻记得不真实，总之，植入他的潜意识的信息就此改变了他的行为。消费者被洗脑，目的倒不是刺杀总统，而是接受设定好的指令，走出家门，购买产品。

现在，消费者嘴里都能轻松蹦出促销口号。他看到产品，就有温暖的感觉。甚至连他的天性与情感都与购买产品紧紧扣在一起。饿了就想到"巨无霸"汉堡，渴了就是"星巴克"咖啡，烦了就是抑郁剂"百忧解"。

可是，心中的焦躁日益增加，该怎么办？那深藏心底、几乎被遗忘的警戒心，那失去的独立性以及自我意识，又该怎么办？对已经被洗脑的消费者来说，这一切只是一个信号：打开电视。

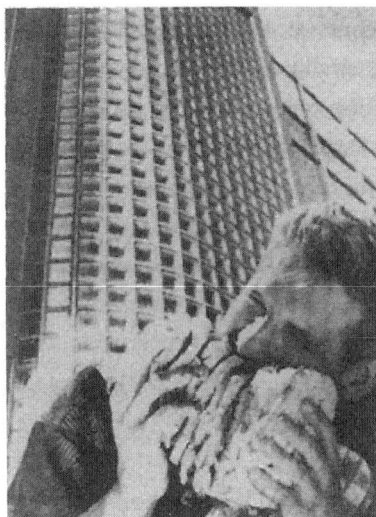

后人类

（Posthuman）

我认识一位年轻人，过去好几年里他都在网上冲浪。对他来说，他存在的意义就是做一名网虫。任何事情都没这重要。他已是超自然的存在了。他捡起书本，读一两句，然后这里看看，那里瞧瞧。他什么都看，但都不够深入。一切事务都是非线形的存在。工作、同事，甚至婚姻，都难以持续。只要事情进展不太顺利，他的反应就是逃回网络去。

另有一则相关新闻报道：某人最近发现，楼上的邻居性格正在慢慢发生变化。这位邻居某天无意中进入网上的一个聊天室。她带着些微的好奇加入聊天室，后来就上了瘾。她日以继夜地同一波又一波的陌生人聊天，谈论一个又一个话题。那些陌生人，或许虚构了姓名、性别，或许虚构了自己的故事，却在聊天室里摆出一张张朋友的面孔。她把其中一些人看作自己的家人。

自从加入聊天室后，她瘦了十磅，因为她总不记得吃饭。"有时我会离开一阵。"她说，但她所谓的"离开"并不是真正的离开，只不过是"离开"这个聊天室，到网络上别的地方转转看看而已。她不愿睡觉，因为睡觉可能害她错过某个有意思的话题。一次我的一位朋友在街上遇见她，发现她已经四天没洗澡了。

她是个聪明的女人，但是她的"网瘾"——她自个儿这么叫——已经改变了她。她习惯把想法打出来，因此口头表达能力大大下降。她说话很快，常常一口气说出一连串单词，完全不作停顿，听起来倒像是只说了一个长长的单词。她双眼木讷无神，牙齿也是奇怪的颜色。她的行为方式极不稳定，可以十几个小时处于真空状态。她总想换个名字注册一个新邮箱，这样就可以"人间蒸发"了。

心理医生或许能做出诊断，这位女士已经处在某种精神病早期了。但是，与许多其他完全陷入网络文化的人相比，她的状况还算不错。

整个网络世界里，许多人（主要是年轻人）常常出没一种叫做"多用户域（即MUDs，大型多人网络游戏社区）"的地方，玩角色扮演游戏。这些地方复杂难懂，玩家的想象力创造了这种神秘之境。他们有"改造能力"，允许用户自行决定结果。

在《屏幕上的生活》（Life on the Screen）一书中，美国精神分析学家谢丽·特克尔（Sherry Turkle）[34]这样描述一位年轻人——一位网上瘾君子：他同时在六个MUD里扮演不同的角色：青春玉女、历史教授、狗、亚瑟王的骑士、半机械人以及威廉·巴罗斯（William S. Burroughs）。无论在哪个MUD里，他都不是他自己，但每一个角色都让他觉得那就是"真实"的自己。有时某个游戏角色暂时不需动作，他就让这个自己"睡会儿觉"。那时，角色仍在游戏中，表面上仍可和其他玩家通过人工智能程序进行互动。如果发生了什么事，还可以呼叫真正的玩家回到游戏中通过一个"页面"改变人物性格。

这种自我建设的故事让我想起了安·贝蒂(Ann Beattie)[35]十年前为《时尚先生》杂志写的一篇文章。她曾在旧金山跟一队日本游客同坐一辆公交车。使她大为震惊的是，那些游客一看到某个宣传册上出现的景物（如金门大桥），就条件反射地把相机举到眼前，似乎只有将景物框进某个框里，它们才能存在；只有把景物拍进胶片里，它们才是鲜活的。我想，这就是世界上媒介过多的恶果。在这个世界，只有把事物装在固定的情景中，或是把情景置入特定的事物中时，事物才能变得"真实"。"我认识一个加利福利亚人，他总在派对上大声朗读诗歌，朋友们总叫他收声。"人类学家卡彭特（Edmund Carpenter）[36]在著作《那幻像赏了我一拳》（Oh What a Blow That Phantom Gave Me!）中写道："但是，同样的诗歌，如果他放的是录音，每个人都听得很专心。"情境主义者或许会推测说，这类故事标志着真实经历的终结，因此也标志着真实自我的终结。

或许，世界上本没有所谓真实自我。惠特曼或许是对的：人人都是多面体。一部分是儿童，一部分是成人。是阴阳人，也是人机合体。直觉告诉我们，机器变得越来越人性化，而人，在虚拟的真实下变得越来越像机器。

谢丽·特克尔笔下的MUD迷试图用网络创造更强更好（非真实）的自我。他们用虚拟形象填补现实生活——那个在现实世界中失败的生活。《屏幕上的生活》让我们认识了马修，一个19岁的男孩，父亲离群索居，是个酒鬼。现实生活里，马修的女朋友甩了他，但在网络世界中，他的MUD人物性格具有骑士精神，女人们疯狂迷恋他。我们还认识戈登，他的网络性格是"本人想要拥有的性格"。特克尔总结，角色扮演游戏，"提升了他的自我意识，做出了一个半成品"。

特克尔造了个新词"滑移"，用来指代"面具人格和本我融合的地方。在那里，几种面具人格组合在一起，构成了个体想象中的真实本我"。MUD情结的结局是，你会处在真实世界和虚拟世界之间。把它看作一个游戏，它却那么的真实；把它看作真实，它却处处透着人造气息。你只能在两个世界的"缝隙"中游荡。

从较小的层面上来看，可以说，我们所有人，所有媒体时代的生物，同这些游戏玩家没什么不同。因此，凡人类进入MUD游戏世界的行为，简直就是人类入侵特克尔口中所称的"仿真文化"世界的最好比喻。

如果你在网络上待得足够久，"情感命令"就会取代你的真实情感。"情感符"——系统里那些各式各样的可爱的表情——将被用来代替真正的微笑和皱眉。假以时日，电脑就会将人类天性的艺术细胞，即"跟着感觉走"的能力驱逐出境。在小短篇《以网络为中心》（Web Central）中，费·威尔登（Fay Weldon）[37]为我们描述了错位的未来世界：特权阶层独自坐在密封的房间里，面前是电脑终端，他们靠静脉注射稳定情绪。

过久地置身于网络世界会带来精神疾病，这一理念直到近期才引起了人们的重视，却苦于没有办法证实。卡内基梅隆大学经过两年的努力，终于在1998年8月发布了世界上第一个致力于因特网对社会及心理影响问题的研究结果。[38]结果是，有经验的因特网用户往往较普通人群个性更孤僻，更容易抑郁。或许你会猜，这是因为性格孤僻抑郁的人本身更喜欢上网，但事实恰好不是这样。"早期的问卷调查表明，后来个性较为孤僻和抑郁的人，同其他个性相对开朗、更喜欢社交的人比起来，并没有太大不同，不会更加憔悴。是因特网的使用导致这些人的心理状况下滑。"我们那一代人说"调频、打开收音机、逃避社会"，新一代人用"连网、断网"两个词语就可以了。

最终，或许很快，世界就会变样，大多数人不再有能力经历正常的情绪变化。不论他们看到、听到或尝到什么，不论这些事物多么原汁原味、美丽多姿，人们只会迅速夺走能用的部分，忽略其他。当然，情感一旦失去，就再也找不回来了。

在约翰·欧文（John Irving）[39]的小说《为欧文·米尼祈祷（A Pray for Owen Meany）》一书中，家里的女主人死在电视机前。她的身体已经僵硬并且出现了尸斑，大拇指却依旧死死地按在遥控器上；他们在开着的电视机前发现尸体时，遥控器还在不停地变换频道。这是预言性的一幕。在利用计算机网络建立起来的世界里走得越远，就会有越多类似的形象进入我们的视野萦绕心头。骨头断裂的人类像废品一般躺在墙体大小的电视网络屏幕前，他们注意力的持续时间极短，接近于零；想象力早已出故障了，再也不记得过去的事儿。房间外，自然世界早已消逝殆尽，社会秩序崩塌。新世界秩序下的市民们困在起居室内，不停地在上千个频道中间换来换去。他们唯一的自由，就是窥探自己的死亡。

注释:

1.伊丽莎白·库伯勒-罗斯(Elisabeth Kubler-Ross),《论死亡和临终》(Macmillan, 1969)。

2."二百万年以来,人类的性格及文化都由自然塑造。"出自《电视和生活质量》(L. Erlbaum, 1990),罗伯特·库贝(Robert Kubey)和米哈里·契克森米哈赖(Mihaly Csikszentmihalyi)的作品。在该书中作者写道:"估计地球上的第一个人类出现在两百万年以前。在这漫漫的时间长河里,人类大概繁衍了十万代,他们在地球上生活然后死亡。我们的祖先是最早生活在地球上的一员,那时候的日常经验的形成是靠广泛的分享、即时的大众传播。"

3."这是一个你在地球上能找到的最撩人的地方……"——安妮·拉莫特(Anne Lamott),《关于写作:一只鸟接着一只鸟》(Anchor, 1995)。

4."关照整个地球的心理学"研讨会,1990年秋,哈佛大学举办。出自哈佛下设分支机构心理学和社会变迁中心的报告《中心评论》。

5."人类这种以星球为代价……一种疾病而已"出自《生态心理学:重建地球,治愈心灵》(Sierra Club Books, 1995),由西奥多·罗扎克(Theodore Roszak),玛丽·E.戈梅斯(Mary E. Gomes)和艾伦·D.肯纳(Allen D. Kanner)编辑。

6."人们都疯了吗?"——吉姆·文道夫(Jim Windolf),《纽约观察家》报(The New York Observer)1997年10月20日。

7."自二十世纪四十年代以来,各个年龄层中患有严重抑郁症的比例一直稳步上升。"——埃利奥特·S.葛森(Elliot S. Gershon)和罗纳德·O.瑞登(Ronald O. Rieder),《科学美国》1992年9月刊,第91页。

8."自杀率、单相障碍(躁症或郁症)、双相障碍(躁症及郁症)及酗酒飞速攀升。"——亚伯达大学精神病学主席罗杰·布兰德(Roger Bland),《加拿大精神病学杂志》1997年5月刊;引自罗宾·劳伦斯(Robin Lawrence)在《乔治亚周报》1998年6月11日的报道。

9."美国人中患抑郁症的比例几乎高于世界上所有其它国家;跨文化数据显示,亚洲国家的美国化也使得它们的抑郁症患者比例同步上升。"——迈克尔·亚普科(Michael Yapko),《今日心理学》(5/6月刊, 1997)。

10.索尔·贝娄(Saul Bellow),《洪堡的礼物》(Avon, 1975)。

11."人们已经知道看电视和选举意愿之间的关系了……"——迈克尔·摩根(Michael Morgan)和詹姆士·萨拉汗(James Shanahan)的《看电视和投票》(《选举研究》1992年11(1):3—20)。

12."人们也知道看电视与儿童肥胖症之间的关系了……"——罗斯·E.安德森(Ross E. Andersen),《电视与儿童肥胖症的关系》(《美国医学会杂志》,1998年,279:938–942)。

13.杰瑞·曼德尔(Jerry Mander),《消灭电视的四争论》(Quill, 1978)。

14."常规电视节目中,平均每分钟有十个技术事件……"——约翰·德格拉夫(John de Graaf),《巴拉顿公报》(1977年秋,第24页)。

15."通常情况下,北美地区的观众在黄金时段的电视节目里平均每小时可以观看到五次暴力镜头,包括杀戮、枪击、攻击行为、汽车追尾和强奸……"数据提供:乔治·格伯纳(George Gerbner),美国费城天普大学贝尔大西洋电讯专业教授。

16."近期的两项相关研究居然得出完全相反的结果,于是,其中一个研究小组负责人只好咕哝些方法不同一类的说辞,权作解释。"——UCLA通信政策中心研究主任,迈克尔·孙南(Michael Sunnan),《加拿大环球邮报》(1998年4月28日)引用。

17."几乎每天能冲入三千条销售信息"——马克·兰德勒(Mark Landler),威尔希亚·康拉德(Walecia Konrad),扎克利·席勒(Zachary Schiller)和洛伊斯·热瑞恩(Lois Therriern)的《广告怎么了?》(《商业周刊》1991年9月23日,第66页)。莱斯利·萨芬(Leslie Saven)在《被赞助的生活》(Temple University Press, 1994)第一页,估计"每天约有16,000条广告闪过个人的意识世界"。1995年3月,我做了一项非正式调查,发现该数据接近1,500(包括一天二十四小时中,在我的生活中,电视、电台、广告牌、建筑物、标语、衣物、设备、网络等各类手段中出现的所有营销信息、公司形象、商标、广告、品牌名称)。

18."每一天,约有一百二十亿条平面广告、三百万条电台广告及二十多万条电视广告,被倒进北美人的意识里，人们却对此毫无所觉。"来源于洛克·克劳福德（Rock Crawford）（加州大学戴维斯分校计算机科学系的研究员）的初步估算。

19."我就会联想到欧文·卡梅伦（Ewen Cameron）博士的洗脑实验……"——布鲁斯·格里尔森（Bruce Grierson),《灵魂冲击》（《广告克星》1998年冬季刊，第18页）。

20."反语言"，社会评论家乔治·斯坦纳（Geroge Steiner)的新造词，来源受到乔纳森·迪（Jonathon Dee）作品《但是它是广告吗？》（Harper's，1999年1月，第66页）的启发。

21.广告克星媒体基金会（Adbusters Media Foundation，简称 Adbusters）是一个非营利的加拿大社会活动组织，总部设在温哥华。基金会出版社会活动杂志《广告克星》，万维网名称为"文化干扰运动总部"，通过"权力的转移（Powershift）"广告社制作发行广告。基金会地址：1243 west 7th Avenue, Vancouver, B.C. V6H 1B7, Canada；网址www.adbusters.org；邮箱：adbusters@adbusters.org.

22."对我们来说，大多数信息早就没用了……"——尼尔·波斯特曼（Neil Postman），《技术垄断》（First Vintage Books，1993）。

23."1998，加德满都做了一项民意调查，目标群是某学校十一岁至十五岁的少男少女……"——坤达·迪克西特（Kunda Dixit），《亚洲传媒》（1998年夏季刊，第95页）。

24."美国'A.C.尼尔森'广播公司同年所做的调查显示，在十二个亚太国家中……"——诺曼底·麦登（Normandy Madden），《广告时代国际版》1998年7月13日）。

25."其实就是美国的每一个城市"——蕾切尔·卡逊（Rachel Carson），《寂静的春天》（Houghton Mifflin，1962）。

26."苏联某些持不同政见的人曾说……"——乔纳森·罗（Jonathon Rowe），《电视广播的专政》（《广告克星》1991年冬季刊，第10页）。

27."马凯特大学（Marquette University）1992年曾做过一次问卷调查。参与此问卷的90%的新闻编辑说……"——劳伦斯·C.索莱伊（Lawrence C. Soley）和罗伯特·L.克雷格（Robert L. Craig），《广告对于报纸的压力的调查》（《广告杂志》第XXI卷，No.4,1992年12月）。

28."美国公共广播公司（PBS）的王牌节目'新闻一小时'（News Hour）……"——《电视没讲过的故事》（《国家报》1998年6月8日，第7页）。

29."双击《高高的洛基山（Rocky Mountain High）》，就能进入唱片公司的虚拟总部，购买一套丹佛金曲合集。"——罗纳德·K.L.柯林斯（Ronald K.L.Collins），《广告克星》1998年冬季刊，第59页。

30."1997年，克莱斯勒（Chrysler），美国五大广告商之一，写信给一百家报纸杂志编辑……"——盖尔·约翰逊（Gail Johnson),《广告克星》1998年春季刊，第19页。通信部密歇根州克莱斯勒奥本山办公室的艾伦·米勒（Alan Miller）证实此事属实。

31.该场景描述来源于《广告克星》稿件《Oka，希望之地》，作者凯瑟琳·摩尔（Kathleen Moore），1995年5月。

32."锐步付给三星影业公司一百五十万美元，在该影片中为其产品做广告宣传……"——《肮脏的交易》（《娱乐周报》，1997年1月24日）。

33.里查德·康登（Richard Condon），《洗脑密令》（F.A.Thorpe，1959）。

34.谢丽·特克尔（Sherry Turkle），《屏幕上的生活：网络时代的身份》（Simon & Schuster，1995）。

35.出自安·贝蒂(Ann Beattie)的《西方游客》（《时尚先生》1988年9月刊，第198页）。

36.艾德蒙·卡彭特（Edmund Carpenter），《那幻像赏了我一拳》（Holt，Rinehart and Winston,1973,第3页）。

37.费·威尔登 (Fay Weldon)，《坏女人》（Atlantic Monthly Press，1997）。

38."卡内基梅隆大学经过两年的努力……"——《纽约时报》1998年8月30日。

39.约翰·欧文（John Irving），《为欧文·米尼祈祷》（Morrow，1989）。

冬季篇

异端崇拜

（The Cult you're in）[1]

    哔哔作响的卡车，行进在窄窄的巷子里，颠簸地把你带出恐怖的梦境之中——那是一个午夜，超市里展开一场疯狂的追逐，一个野蛮人使劲拍打奇宝（译者注：Keebler，美国谷物食品公司）精灵的双手。你坐起身，冷汗直流，心跳如鼓。不过是场噩梦而已。慢慢地，你回过神来，想起你是谁，你在何地。你正在自己的床上，自己的小公寓里，在从小长大的城市里。

    这是个"This is Your Life (这就是你的人生)"真人秀节目的时刻，这是个思考和反思的时刻。你还是老样子：你曾在几英里外献出初吻；你在这儿找到第一份工作（在温迪Wendy旗下的一家汽车餐厅）；你在这儿购买了第一辆新车（73年版的福特Torino）；你曾在毕业舞会上狂饮野火鸡牌威士忌，把所有"通宵狂欢"的人拉到金考快印公司，然后把影印出来的东西都寄到西部的"国立劳教所"去。

    年轻时候的梦想并未一一实现。你没考上哈佛，没进芝加哥公牛队，没和百代或是别的什么唱片公司签约，也没在二十五岁时变成百万富翁。于是你降低标准，不再准备当个超级富豪，只希望生活富足——市区里有套不大不小的公寓、Visa信用卡、博朗剃须刀、一套阿玛尼西服。

    但是，就连这样谦虚的梦想都像星星一般遥不可及。从州立大学毕业后，你欠下三万五千美元的学费。工作收入对还债没有一丝帮助：一周六天，一天八小时，围着发行部转，做些不入流的生活类杂志。你学会了硬撑，学会了心无旁骛地工作，只等下一个裁员季的到来。级别较低的员工被清扫出局；公司只是多付了一周的薪水作为补偿，外加中层管理人员一个面无表情的点头表示歉意。于是，你开始靠预支信用卡支付房租。你设制了来电显示功能，以免接到讨债公司的电话。

只有一样东西没被夺走，你仅有的资产，那就是你的菲亚特（Fiat）汽车。这个周末你打算用它好好享受一番。既然无法逃避问题，既然"跑"是跑不掉的，"开车"逃跑倒是没有问题。来次《公路旅行》吧。这三天你可以忘掉一切，只留下基本感官，像野兽一样，警惕灯光、声音和味道。可是，霍华德·斯特恩（Howard Stern）（《公路旅行》男主角）正在做早间电台节目，Slumber Lodge连锁酒店位于国道 I –14上。"你发现自己被堵在一大条汽车长龙后面。"这简直和大卫·伯恩（David Byrne）在《路调曲一号》里唱的一模一样。而且，菲亚特虽是你的心爱之物，性能却不怎么样。"你知道FIAT代表什么么？"利薇第一次见到这车时说："再修修，托尼（译者注：电视台词）。"从那时起你就知道，这个女孩就是可以相携一生，开车到地老天荒的那个人。或者，至少，开到纽约城。

旅行路线已经定好了：在Nazi汤王饭店订蛤蜊浓汤，排队买脱口秀"Letterman"的折扣标票，在时代广场闲逛（这地方现在已经干净得多！安全得多！），再顺便看看那里的索尼超大屏幕电子显示屏。你从未去过那地方，可是，在你的脑海里，你已经在那儿住了一辈子。你将在炮台公园（Battery Park）慢跑，周五晚上到迈克酒吧喝杯吉尼斯黑啤（每周五晚上是伍迪·艾伦电影之夜），利薇生日时，你和她在著名的彩虹厅跳舞。啊，利薇，第一次见她时是在化妆品柜台，当时她正往手腕上喷"鸦片窈窕淑女"香水。看到她，你立刻想起名模辛迪·克劳馥——尽管现在她都穿些廉价服装，你得闭上眼睛靠着想象力才会觉得她略微漂亮些。

所以，开车吧。加满HO HO牌汽油，买好Pez零食、依云矿泉水、杂志和随身听电池，然后，把机车踩在匡威全明星帆布鞋下面——就是摇滚歌手科特·柯本（Kurt Cobain）离世时穿的那双鞋的同款。徒步旅行、登山——你和利薇默契无比，全部用电影台词进行对话。

"尼克松先生，请你把薯片递过来。"

"继续思考，布奇（译者注：《猫和老鼠》里的黑色流浪猫）。思考就是你擅长的事儿。"

"洛克，已经结束了。现在全世界也没人救得了你。"

突然，你发现自己记不得最后一次利薇就是利薇而你也只是你的时候了。你点燃Metro——一种有设计感的香烟——你知道它显然会危害人的生命，因此总是绕道而行。但是，某一天，你出于讽刺抽了一根，现在已经停不下来了。

你计划一周后回家。或者干脆不回来了。为什么非得回来不可呢？这里还有什么可回的？从另一方面来说，你干吗非待在这里？

很久以前，在我们尚不知情的状况下，几乎所有人都被招进了某个邪教组织。在某个含糊不清的时刻，或许就是那个我们觉得特别没有着落、特别脆弱的时候，邪教成员出现在我们面前，用漂亮话迷惑我们。"我相信我能缓解你的痛苦。"她让我们有种受欢迎的感觉。于是我们知道，她正向我们提供一些让生命变得更有意义的东西。这位邪教成员，穿双耐克拖鞋，用好莱坞星球酒店的杯子。

你是否"感觉"自己已经加入了邪教，开始异端崇拜？答案或许是否定的。因为没有特别邪教化的组织纪律约束你。你可以自由闲逛、自由娱乐。似乎没人强迫你做任何不愿做的事。事实上，你觉得自己是组织里的特权阶层，荣耀无比；邪教的制度似乎不是那么地令人难以忍受。但是，别搞错了：制度就是制度。

经过协商，邪教成员都说同一种"组织语言"：所有的词汇和思想都来源于电视和广告。我们穿统一制服——当然不是白色长袍，而是，例如，汤米·希尔费格（Tommy Hilfiger）牌夹克或是云中漫步（Airwalk）牌运动鞋，总之根据本人兴趣决定。邪教给了我们全新的角色和行为模式，却不是我们有意识选择的结果。

极少数成员中当了逃兵，进了集中营。他们逃到边缘地带，住在简陋的棚子里，睡狭窄的上下铺，远离其他成员。邪教逃兵不同于"回游者（downshifters）"。回游者是指那些"自愿"放弃高薪工作、回归简朴生活的人。邪教逃兵则是不得已的回游者。因为穷，逃兵们不得不生活节俭。（他们学历过剩却没有工作，永远跳不出借了还、还了借的怪圈。）

逃兵们整天无事可做。于是没日地闲逛，但也不与他人交流，只是偶尔做些荒谬的所谓观察。他们是后政治分子、后宗教分子。他们不依政治倾向或是宗教派别定义自己（但是无论如何，邪教早已对这些东西作了详细规定）。他们按纯邪教的做派把自己同他人区别开来：穿什么衣服、开什么车、听什么歌等。唯一能够让他们自信地说"有价值"的东西，就是他人早已通过调查并确定有价值的事物。

邪教成员算不上真正的公民。公民身份或是国家地位等观念在这个世界上无足轻重。我们不是父母兄妹，我们的唯一身份就是消费者。人们关心的只有运动鞋、音乐以及吉普车这些商品。生命中唯一可以被称作"生活""自由""惊喜"和"欢乐"的东西就是超市货架上的各种品牌。

快乐吗？恐怕不。邪教虽承诺带来无穷无尽的所谓满足感——不时还能带来些极乐情绪——但是，这种承诺从未真正兑现。我们不过是用一种空缺填补另一种空缺而已。幻灭是一定的，但我们不允许自己去想，因为邪教组织的第一规定就是：莫思莫想。自由思想会打破成员们恍惚的状态，带来与邪教思想相互矛盾的观点。然后，人们会心生疑虑，巴不得从最近的出口逃离这个邪教组织。

那么，最初这一些是如何开始的呢？为何我们对此全无记忆？我们究竟是何时加入邪教的？

最初的诱惑是在年少时。如果你闭上眼仔细回想，就能想起某些具体的事例。

四岁时，你拽着妈妈的袖子逛超市。有些商品刚好摆在你的视线所及之处，位置太低，妈妈看不到。这些东西酷，上面印着卡通人像，其中的一些玩具可都是你在周六早晨的电视上看到过的。你想要，可妈妈却推着手推车径直朝前走，于是你大哭起来，她却不明白为什么。

八岁时，你有了零花钱，可以尽情享受购物。一瓶可口可乐，一条士力架（snikers）糖。这些小东西不只意味着你得到了自己想要的，它们象征着"权力"。那一小段时间内，"你"就是世界的中心。你发号施令，其他人微笑着小跑步为你服务。

迈克尔·乔丹的海报被你挂在卧室门口。他是你心中的第一个英雄，也是第一个把"品牌"投进你生活中的人——耐克。你想成为乔丹。

其他的英雄也跟着来了。有时，他们自相矛盾。迈克尔·乔丹喝百事可乐，但他也喝可口可乐。哪个牌子是对的？朋友进一步强化了你的品牌热。穿同样的牌子，听同样的音乐，你在朋友圈中如鱼得水，和大家身

On April 22, people all over the world will turn off their TVs and not turn them on for a week. Why don't you try it? Imagine — no more radiation, laugh tracks or gratuitous violence. It's great! And once you try real life, you may never want to go back to the simulated variety again.

international

tv turnoff week

22-28. April.

escape the fantasy– get real!
www.adbusters.org

"关电视周"[2]　　4月22日至28日，逃脱虚拟的真实！www.adbusters.org
4月22日，全世界人民将关掉电视，一周之内不再打开。你为什么不试试？想象一下——没有辐射、没有笑声轨迹、没有无端的暴力镜头。这实在是太棒了！只要试着过一次真实生活，你一定再也不想回到刺激的虚假中去。

心一体。

你看电视。电视是你的避难所。在那里，你一点儿也不孤独。

现在，你进入叛逆期。你趾高气扬地走进卖场，在一个乐倍（Dr Depper）饮料瓶里装满苏格兰威士忌，这样，你就能在老师和家长的眼皮子底下喝酒而不被发现。有一天，你装"醉酒"，骗他们"逮捕"了你——不过这次，瓶子里的确装着苏打水。你被自己的小把戏逗得哈哈大笑。

上了大学，你花大钱买了一台笔记本电脑，一辆小黄蜂（Vespa）机车，一双马腾斯博士靴（Doctor Martens）。城市里，一家新开张的运动馆和一家新的表演艺术中心分别用汽车制造商和软件公司的名字为自己命名。你就像只在迷宫里寻找奶酪的小老鼠，忙忙碌碌，在消费者迷宫里转来转去，奶酪的香味总是诱惑你继续向前。

毕业后你开始挣钱，钱不多，却很诱人。你挣得越多，想要的更多。

你买了套带三个卫浴的房子。你把BMW（宝马）停在房子外面的超大车库。只要心情不好，你就去购物。

这种邪教仪式均匀分布在日历各天：圣诞节、美国橄榄球超级杯大赛日、复活节、计次付费拳击比赛、夏季奥运会、母亲节、父亲节、感恩节、万圣节。每一天都有新的需求、新的命令——不得不购买的产品、不得不做的事。

现在，你已被判无期徒刑——上了锁、背上了沉重的负担。你四处奔走，挣更多钱买更多东西。愈发不满足，却不确定究竟为何，只好锁定目标，立志挣更多钱，买更多东西。一旦"消费自信下降""消费停滞"，"产业部门"就觉得"深受其害"，认为"吝啬的消费者在虐待商家"。只要能为经济做一点点贡献，你就是明星。

永远、永远……你永远可以自由梦想。午夜电视里的激情演说家一再鼓吹，只要有梦想并且坚定不移，即使是最普通的搬运工也能实现梦想。敢想就能致富。

梦想，根据词典的解释，应当是独特并具有想象力的。但是，大多数人正在做同样的梦，那就是财富、权力、名声、性爱以及令人兴奋的娱乐机会。

如果整个文化都做同样的梦，一切还有何意义？

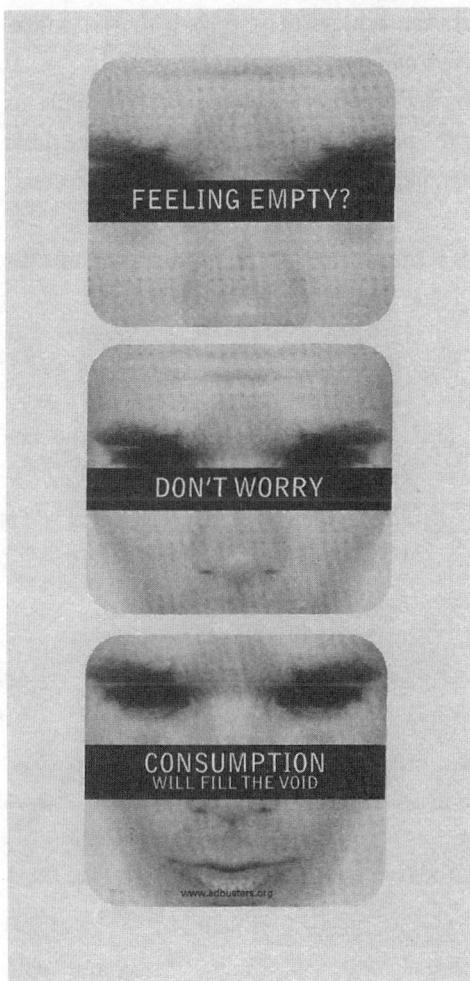

空虚？

别担心

消费填补空白

美国梦的终结

（The End of the American Dream）

透过怀旧的镜头看去，旧时光总是好的。天性使人夸大过去的美好事物，或是旧时的美好时光。但是，战前的美国确实非常美好。那个时代的人的确过得相对幸福。从那时起，人类开始高速扩展知识面，消费者文化繁荣发展。在战前，人们用现钞购买需要的物品，并把收入的10%"藏"起来。消遣的方式是：阅读。夏天，父亲母亲带着一家老小到沙丘地带露营。这就是那时的美国梦：庭院里郁郁葱葱的草坪，车库里停满私家车，餐桌上顿顿有鸡肉。

但是，不知从何时何地开始，这个梦开始发酵变酸。人们接收的信息越来越阴暗，接收的速度也越来越快。电视整天开着，孩子们把多得惊人的时间花在电视机前。公司开始合并，人们开始下岗，个人债务开始增加。人们狼吞虎咽，吃外卖食品，变得越来越胖。星期天早上，大家齐齐去卖场，而不是教堂。只有少数评论家拉响警报，告诫大家这种无障碍消费购物的生活模式总有一天会让人付出代价。但是，这类评论家被其他人当做空想社会改良家、扫兴的人或是书呆子，是"美国之路"的敌人。

现在，第三个千年即将过去，早期的这类警报变成了预言。有些事极不对劲。表面看来，与二十世纪五十年代比较起来，现在的美国生活更富刺激。奇怪的是，人们却在这样的生活下焦躁不安：内心躁动、不知满足、麻木冷漠。我们身上发生了什么？我们失去了什么？与曾经的世界相比，现在的世界就像一部失真的卡通片。交通阻塞，家里有车却上不了高速路；草地倒是绿色的，但绿得不自然。瓦尔特叔叔成天吃药；内莉阿姨，曾经的厨房大师，现在连自己住哪儿也记不得；母亲吃抗抑郁药；玛丽·露患了贪食症；最后我们听说，父亲正在"凤凰城"搞他的"金字塔"计划呢。

即使是"没问题"的邻居——有钱的邻居、防备的邻居、"你"的邻居——如果是女性，黄昏后绝不敢独自一人慢跑。新闻报道说犯罪率正在下降，但是没有人觉得他们过得比五年前更安全。城里，靠抚恤金生活的人们给房门上了一道锁又一道锁，担心不法分子破门而入；去趟杂货店，却像在夜间的丛林中行走一般危险；一些人会跟其他租客聊天，但大部分不会，原因是，为什么要给自己惹麻烦呢？孤独的人都在怀疑：刚刚是不是听到楼上有电锯声？然后他们变得更加孤独。曾经使整个社区融为一体的信任感，现已消失殆尽了。有人趁你昨夜睡着的时候偷走了你车里的收音机，是谁？邻居们耸耸肩，表示没听到也没看到任何异常情况。于是你给车子装上报警器，顺便装了款游戏"俱乐部（The Club）"。结果，还是有人打碎了你的挡风玻璃——或许是有人借此发表政治宣言，或许不是。总之，你最后买了辆便宜车代步，干脆不锁车门。结果某个早晨，你打开车门，却发现有个流浪汉睡在车里。你对自己说，还是坐公交车吧。

每天上班前，住在美国南部地区的都市人都会收听新闻。如果新闻里说烟尘包围了城市，哮喘病人就不会去外面冒险。自行车快递员戴上面罩捂住口鼻，让人看不真切，很恐怖，就像"帝国冲锋队员"。水管里流出的水看起来有铁锈色，闻起来、尝起来都不对味，怎么说呢？一股工业味。政府宣称微量金属元素绝未超标，但瓶装水的销量不降反升，因为人们觉得它更安全。然后却听说，加州有一家人因饮用"高价矿泉水"致死，因为有人恶作剧，用针管刺穿瓶盖，加入了有毒的"苯"。各个地区的研究数据显示，男性的精子数正在下降。没人知道这究竟是为什么。

最近，一位朋友为我讲述了一个都市传奇。那是在不列颠哥伦比亚省阳光海岸举行的一场盛大的乡村婚礼上。两个财力雄厚、受人尊重的家庭结为联姻。仪式是在本地区最大的一个庭院草坪上举行的。乐队开始演奏，人们一对对走入舞池。因为草地下的水管已经腐烂，经不起这么多客人的踩踏，水管爆裂。未经处理的污水漫上草皮。一开始水只是没过了众人的鞋子。这时即使有人留意到，也不会说什么。香槟流淌，音乐缭绕，直到一位小男孩说道："这里闻起来有一股便便味"。那时，人们才突然意识到，污水已经漫过他们的脚踝。

每当我试图说明北美地区的生活已经过度失调时，我总能想到这个

INTERNATIONAL

BUY NOTHING DAY

A 24 Hour Moratorium on Consumer Spending

Nov. 26, 1999

Go Ahead-Take the Plunge! Find out what it feels like to go one whole day without shopping. It'll open your eyes to the way we all live.

行动！一天不购物，感觉如何？它将为你打开生活的全新视角

复印这张宣传画，或登陆www.adbustrs.org 下载此画，贴在工作场所、冰箱上、或任何想得到的地方

Copy this poster, or download posters from www.adbusters.org. Put them up at work, on your fridge or anywhere you like.

Air the TV uncommercial in your community. Watch Quicktime or Real Video versions of it at www.adbusters.org

你的社区播放我们的节目。登陆www. adbustrs.org，在线观看视频Quicktime 或Real Video

PARTICIPATE BY NOT PARTICIPATING!

全球"零购买日"[3]　　中止购物24小时　　1999-11-26

加入活动，零购物

故事：事物发展如此细微渐进，几乎没人留意到事态的变化。那些知情人士显然暗示说，最好还是忽略掉那些粪便，继续跳舞！

1945年，美国成为世界上最伟大的解放者之一。美国兵打进来的时候，我还是个孩子，住在德国吕贝克。直到现在，我还清晰地记得他们质朴羞涩的笑容，记得他们变魔术般地从口袋里拿出口香糖和巧克力棒，再递给所有孩子时的模样。我的父亲把美国兵们当成救世主一般欢迎。现在，五十年过去了，美国，这个伟大的解放者，正极度需要有人帮助解放自己——把它从需索无度中解放出来，把它从傲慢自大中解放出来。而世界，世界也需要从美国式的价值观和文化中解放出来，因为这样的文化和价值观像神旨一般，正在整个星球肆意蔓延。

但是，美国梦的吸引力太大，大多数人难以自持，心甘情愿继续做梦。每周，我们继续开着小车去超市，在货架中无所事事地闲逛；继续在垃圾食品中痛苦地发胖；继续假装食物全部无害，保质期全部无限延长；继续以卡还卡；继续买岸上的血汗工厂生产的运动鞋；每晚继续像狮身人像一般坐在试管前，吸收另一滴消费者文化生产的毒药。电视画面向我们招手示意，要带我们去一个没有痛苦只有快乐的未来。我们愈发渴望实现美国梦。我们不停工作，谋求回报。我们试图用竹篮打水，换来的只能是一场空。

这个社会已经成为法国社会学家亨利·列斐伏尔（Henri Lefebvre）所称"一个消费被控制的官僚社会"。[4]曾经，我们为所得心怀感恩，现在却饥渴地追逐不可得的东西。"多少才够？"变成了"能有多少？"

二十多年来，"猫王"曾是美国式酷派的化身，但是，此人现已进化为美国式无节制作派的象征。在他生命的最后几个月，猫王几乎都躺在病床上。他大把大把地吞食药丸，大口大口地吞咽油炸香蕉加花生酱三明治，以此镇压"猫王"这个身份带给他的痛苦，他似乎打算用日益增长的腰围迷失自我。人们后来发现，猫王，与其身份相称地死在"王位"上，头垂向地面，像一位前锋，时刻准备接到快速传球。身体三点相接：肥胖的双手挨着瓷砖地面，瓷砖上坐着大屁股。

再没有对老式美国梦更好的比喻了。现在，人人都是"猫王"，几乎无一例外。后来，我们终于知道，所谓美国梦，就是要活得极端，要像美国人一样飞，像美国人一样通奸乱伦。现在，我们拒绝继续这种生活方式。那就消费吧。身体、心灵、家庭、社区、环境——都是买来的。

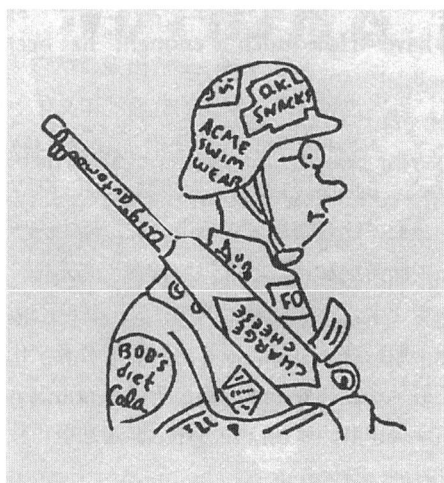

美国士兵肖像图（各种英文品牌组成）

非官方 "美国™" 历史 [5]

(The Unofficial History of America™)

美国历史是每位孩童熟知的故事。那是一段追求个性主义的崎岖史，是一段为了梦想牺牲自我的英雄史。故事里的早期移民，食不果腹，衣不蔽体，在旷野中建起自己的家。有远见的领袖们，为民主和公正奋力拼搏，从不迟疑，从不放弃。无数人做好准备，愿为理想献出生命。这是一段关于革命的故事（"革命"之于美国，是一种像棒球或是爵士乐一样流行的艺术形式），故事中的美国击溃了英国殖民者的帝国主义统治，然后用自己的方式将新生的美国带入工业时代。

这也是一个关于凯旋的故事，是一个在第二次世界大战后崛起并成为世界历史上最富有、最强大的国家的故事。"自由之地、勇士之家"——美国是整个世界争相效仿的激人奋进的楷模。

这就是我们的官方历史，是学校讲授的历史，是媒体和文化每天不停巩固强化的历史。

但是，非官方的美国历史与此大不相同。故事的开端都一样——从殖民地时期的革命开始——但是，后来发生的故事来了个大逆转。少数官方历史的编纂者对于揭开非官方历史起着至关重要的作用。事实证明，这个人不仅是整个革命的内奸，最终甚至成为了这场革命的破坏者。这个人抓住了美国进行自我定位时的核心：假装自由的国家与真正自由的国家究竟有何区别。

这个人就是"公司"。

美利坚合众国天生带有反叛之心。这种反叛不仅针对英国君主以及英国议会，它还针对英国公司。

虽然大多数人把公司看作最近才有的现象，看作洛克菲勒家族以及卡耐基创造的传奇。但是，事实是，早在革命前的美国，公司就已经存在了，并且几乎和当代的公司的存在一样显而易见。那时公司的数量还很少，但是非常强大。它们是：马萨诸塞海湾公司、哈德逊湾公司、大不列颠东印度公司。殖民地人民害怕这些特许建立的经济实体。他们意识到，英国国王及其密友，把公司作为左膀右臂，帮助自己控制殖民地事务，从偏远的产粮区勒索产物，再运回他们的祖国。

殖民地人民奋起抵抗。当东印度公司强加赋税于进口茶叶时（它告诉当地人要么买茶，要么不喝，因为当时这家公司垄断了殖民地的茶叶销售），殖民地爆发了激烈的爱国运动。最终，殖民地商人同意，不再销售东印度公司进口的茶叶。许多东印度公司商船调转船头，停在来时的码头上。在波士顿历史上那中注定的一天，342箱茶叶被倒进了大海。

"波士顿倾茶事件"发生的时刻，是年轻的美国经历的最美好的时刻之一。它点燃了大规模的革命热情。殖民地人民开始认识到自身的力量，他们不再把"民族自决"的权力看作可能拥有的权力，而是必须拥有的权力。

1776年，《独立宣言》的发布，不仅将美国人从英国的殖民统治下解放出来，也把人们从英国公司的专制统治下解放出来。此后的一百年，美国人仍对公司权力抱有极大的怀疑。他们仔细审核公司取得经营权的方式，也密切关注这些公司相应获得的权力。

毫不夸张地说，早期美国的特许经营权的颁发方式，是由人民创造，并为人民提供了律法的便利。公司曾经只是"人造的、看不见、摸不到"的金融工具。各州，而不是联邦政府，独自为公司授予经营权，这意味着公司能够得到本地的有利监管。如果公司有任何违反经营权的行为，其经营权会自动取消。政府严格限定公司规模及其权力范围。[6]就连铁路巨头"摩根公司（J.P.Morgan），当时的顶级资本家，也知道公司规模不可过大，因此，它们"禁止自由扩大，以免办事效率受到威胁"。

在两百年左右的时光里，直到1800年，美国运营的公司都受到相对较强的约束。[7]它们被禁止参与任何政治活动，不能购买其他公司的股票。如果任何公司行为不当，后果相当严重。1832年，总统安德鲁·杰克逊投票否决了一项动议，[8]不再允许延长美国第二银行的经营许可权，因为该银行贪污腐败，行事专断。人人拍手称赞。同样，宾夕法尼亚州取消了十家银行的经营许可权，因为这些银行的行为与公众利益相悖。连大型的托拉斯（即为帮助子公司抵御外来竞争而合并成立，并设置行业准入障碍的大型垄断企业。）最终证明也不是政府的对手，到十九世纪中期，反"托拉斯法"已在全美各州立案通过。

早期的美国历史中，公司扮演着重要但居于从属地位的作用。人民——而不是公司——当家做主。然后发生了什么？公司如何得到权力并最终开始控制创造公司的人民的呢？

这种转变始于十九世纪的最后三十几年，从那时起，公司和公民社会展开了长期的争斗。转折点是美国内战。当时，公司利用采购合同，赚取了大量利润。它们利用那个时代的混乱和腐败收买立法机关、法官，甚至美国总统。公司成为行业的主人和管理人。总统亚伯拉罕·林肯预见了由此引发的严重危机。就在去世前不久，他警告说："公司已经登上了王位……高层腐败的时代即将到来，金钱带来的权力将通过影响人们的偏见，极力延长统治期……直到财富聚集到少数人手中……那时，民主共和就毁灭了。"[9]

林肯总统的警告没有得到人们的重视。公司继续扩大其权力以及影响力。他们修订法律，重立创立公司的法案；经营许可权不再允许被撤销；公司利益不再受到限制；公司的经济活动只能靠法庭进行约束。几百例案子最终均以法官判公司以微弱的法律优势取得胜利而告终，法律为公司让步，授予其从未有过的权利和特权。

后来发生了一个法律事件，几十年来人们一直难以理解，到今天仍是如此。这一事件足以改写美国历史课本。在一场由"圣克拉拉郡"对"南太平洋铁路公司"的案子中，[10]双方就铁路钢轨座辅设路线问题争论不休。最高法院认定，私立企业在美国宪法中具有"自然人"身份，因此应受到《人权法案》的保护。就这样，公司突然享受到了从前只有公民才能享有的权利和特权，包括自由言论的权利。

这个1886年作出的法庭决议，表面上给公司同普通公民一样的权利。但是，考虑到公司拥有的大量金融资源，公司实际上拥有比任何公民更"多"的权利。与任何个人相比，公司可以更好地保护和利用权利及自由，因此它们"更加自由"。单从这一法律判决来看，美国宪法的全部意图——保证每一位公民有一票在手，使每位公民在公众辩论上享有平等发言的权利——其根基，已受到严重损害。该法律文件生效60年后，最高法庭法官威廉·O.道格拉斯为圣克拉拉郡平反，[11]得出结论说，上述判决"无论从历史、逻辑或是理性任一方面讲，均不成立"。十九世纪的这个法律错判，改变了民主政府的全部意义。

圣克拉拉郡事件发生以后，美国经历了翻天覆地的改变。至1919年，公司雇佣了超过80%的社会劳动力，创造了美国绝大部分财富。企业托拉斯强大无比，法律也不敢轻易挑战。法庭不断满足公司利益。员工发现自己丧失了追索权，例如，他们因工受伤（因为站在法庭的立场上来看，如果你为一个公司工作，就表明你自愿承担可能出现的风险）；或是铁路及矿业公司有权用极小的费用购买并占有大块土地。

渐渐地，美国革命的许多最初的理想被平息镇压。内战期间及内战后，美国渐渐变为政府及企业利益联合统治下的国家。这种转变相当于一场政变——它不是一次突然的武装夺权，而是权力机构缓慢实现的政权颠覆及接管行为。[12]除了二十世纪三十年代富兰克林·罗斯福当政期间因"新政"带来的暂时的"挫败"外，美国完全变成一个由公司控制的国家。

第二次世界大战后，公司继续聚集权力。它们合并、巩固、结构重建，变成规模更大、机构更复杂的职能部门的集合，这些部门涉及原料采购、生产、分发及销售。它们切中要害，各个击破，成为比世界上任何国家经济更加强大的存在。1997年，世界百强经济体中，有51个是公司，而不是国家。五百强公司控制了全世界40%的财富。[13]今天，公司可以自由购买任一公司的债券及股票。它们游说立法委员，为竞选提供资金支持。它们管理广播公司，制定工业、经济、文化议程。只要愿意，该死的公司就能想变多大就变多大。

每一天，那些在二十年前会看起来不真实、不可能、不民主的场景一幕幕上映落幕，人群中却没有一丝表示否定的尖叫，这些人已经从最初的震惊变成现在的全盘接受了。

在伊利诺斯州帕洛斯山东南部的碛堤谷社区学院（Morain Valley Community College），一位名字珍妮佛·贝蒂[14]的学生把自己锁在金属网布里，抗议学校拉来的公司赞助。麦当劳公司耗资几百万美元，以身体健康和营养为卖点，在该校成立了"麦当劳活动中心"。该学生因此次抗议活动被当局逮捕，后被学校开除。

在佐治亚州伊万斯地区的绿蔷薇高中（Greenbrier High

School），一位名叫麦克·卡梅伦[15]的学生在学校的"可口可乐日"当天，穿了件"百事可乐"的T恤来上学。可口可乐公司曾派专员乘飞机从亚特兰大来该校参观，为学校捐款并设立专项奖学金，学校因此特意将每年的这一天定为"可口可乐日"。麦克因为行为傲慢，被学校停学处罚。

北美地区所有郊区的大型购物卖场里，爸爸妈妈推着购物车走到"玩具反斗城"公司的货架前。[16]孩子们跟着父母，模仿他们的样子也推个小号购物车。购物车上贴着标语："玩具反斗城助你接受购物培训。"

在密苏里州的圣路易斯，农业生化巨头孟山都（Monsanto）公司出动专业法律团队，[17]对任何散播甚至是"考虑"散播抹黑该公司的谎言（或是实话）的人提起控诉。FOX电影公司[18]某子公司当时正准备制作一次新闻专题片，调查报道"合成牛生长激素"的使用及不当使用问题。这种激素刚好是孟山都公司的产品，该公司律师因此威胁FOX公司，如果将报道公之于众，FOX公司将承担"可怕的后果"。后来，一本关于"基因生化技术危害"的图书计划出版，却被出版社临时否决，因为出版社害怕孟山都公司起诉，只好临阵脱逃。

全球各个大都会的董事会会议室里，世界上最大型公司的CEO们都在想象，是否能创造一个世界，在那个世界里，他们能受到自己制定的地球宪章的有效保护，保护他们的权利和自由不受侵害，这部宪章的名字就叫"投资跨国协议"，即《MAI（Multinational Agreement on Investment）》。该想象得到世贸组织（WTO）、世界银行、国际货币基金组织(IMF)、国际商会（ICC）、欧洲工业家圆桌会议（ERT）、经济合作与发展组织（OECD）以及其他代表世界最富有经济体的二十九个组织的一致支持。MAI能够有效地创造一个全球经济体，[19]只要愿意，公司有权无限制地开展贸易，同时自由调拨业务、资源及其他资产，在任何时间将它们转移到任何地点。这是公司的《权力法案》，它凌驾于一切"不服从"它的地方级、州级以及国家级法律法规之上。如果拒不服从，该宪章允许公司起诉市级、州级、以及国家级等任一级政府。MAI条款旨在使贩售产品成为自由贸易时代不可避免且必须必要的行为，但就是否通过该立法的谈判，却受到相当大数量草根阶层的反对，于是只好在1998年4月暂时搁置。但是，人人都知道，这种搁置不可能永远持续下去。

我们，广大公民，已经丧失了控制权。公司，这些在两个世纪以前由人民创造的法律体，现在却比我们拥有更多权力和自由。而我们呢，心安理得地接受这一切，甚至是跪着爬着走向公司，祈求说："请"做正确的事吧！"请"不要继续破坏原始森林！"请"不要继续污染江河湖泊（当然也不要把工厂工作搬到海上）！"请"别再用春宫画向孩子们兜售时尚！"请"不要继续将政府玩弄于股掌间，使政府互斗谋求私利！很久以来，我们卑躬屈膝，哀声祈怜，以至完全忘记究竟应当如何挺直腰板。

美国™的非官方历史还将继续，这已经不是一段追求个性主义的崎岖史，也不是一段为了理想自我牺牲的英雄史。它是民主思想脱轨的历史，是革命精神废止的历史，是曾经骄傲的人民渐渐奴化的历史。

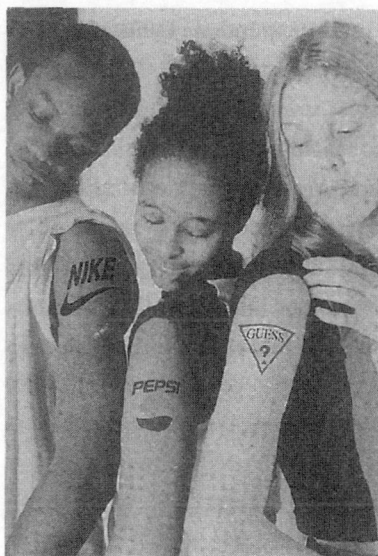

公司与你

（Your Corporate Connection）

认识一下，这是珍妮，高中毕业典礼上发言的毕业生代表、乐于奉献的女儿、中长跑比赛明星，一个几近完美的孩子。但是，珍妮有一个秘密仪式，她也乐于继续保持这种仪式。每次饭后，她总是早早离开餐桌，进入浴室，把两只手指挤进喉咙。朋友们看出些端倪，断言她将患上饮食失调症，因为她瘦得像白骨，并且患有慢性咳嗽。每天她都会把跑步机速度调到最高，快跑一小时，周末则增至两小时。她不时吃颗薄荷糖。吐出的胃酸正在侵蚀她的牙釉，使牙齿呈现出一种不自然的白色。她的脸看上去像是乳白色，双眼却异常明亮。她就要死了。

再来认识一下马特和莎朗，几乎可以被称做"完美的一对儿"，尽管他们彼此相识不过三个月。莎朗是那种总被人邀请做女傧相的女孩。她聪明、有趣、生机勃勃、心地善良，马特的家人都非常喜欢她，就连马特的朋友有时也会专门打电话给莎朗，就为了和她聊聊天。婚礼定在什么时候呢？

答案是，不会有婚礼。马特扰乱了一切。他不得不"诚实"地对待自己：她只是不够可爱。不论第一天他们之间产生了何种性的火花——新场景带来的新奇感、新身体带来的探索感——这种火花现在已然消失。尽管他希望这一切都不曾发生，尽管他希望她仍能点燃自己的欲火，但是事实是，她不能。

莎朗并不是一个没有吸引力的女孩，可她毕竟不是艾莉·麦克弗森（Elle McPherson）——《花花公子》封面女郎。小时候，马特看着父亲的《花花公子》淌口水；后来收集《体育画报》上的泳装美女画报；长大后，他轮番出入色情网站——这十年的经历教给马特的是，艾莉·麦克弗森或是她的姐妹，就是他心目中女孩的模样。这种认识几乎已经深入骨髓。这些诱人的身体有着傲人的曲线：25英寸的小蛮腰，性感的臀部热辣似火，丰满的乳房傲然挺立，似乎完全不受地心引力的影响。每次马特和莎朗做爱时，他都必须得把莎朗想象成艾莉，才能性趣盎然，想象艾莉的头发、想象她褐色的肌肤、想象她的澳州口音。最后，想象力也不起作用了。他抽身离开。"休斯顿，"某天夜里他看着莎朗的睡颜，对自己说，"我们有麻烦了。"

还有酒保兰迪，一位健身迷。大约十九岁时，兰迪得到了一套盔甲，那就是他的肌肉。工作时，兰迪穿一件Hugo Boss（雨果博斯）牌的白色紧身T恤，看起来只是挺健康。 但是，每当他抽水时——每天大约三个小时——他的肌肉鼓起，就像漫画人物一般，手臂上的血管突起，像密布的河流。工作伙伴们以大块头运动员兰迪·强森的绰号为他命名，叫他"巨怪"。尺寸很重要，但也只是相对的。兰迪发现，塑造完美的身体有点像打造完美的立体声效果：改进了一个组件，其他组件相对就显得功率不足，因此必须跟着升级。胸大肌、三角肌、臀大肌；对着镜子检查身体是否对称、身型可好；然后就患上了强迫症。偶尔使用类固醇使睾丸收缩，脸上也因长痤疮留下疤痕。

珍妮、马特、莎朗、兰迪，这些人的生活和问题各不相同，但又不失共性，那就是：他们都是形象工厂的板上鱼肉。他们看待身体的方法极其扭曲，丧失了对性征的控制。他们不知道自己应当是什么模样、应当有什么感觉，也不知道成功的两性关系究竟要靠什么来维持。

然后，又有谁知道这一切呢？我们很难用单一的回答来解答这个问题，但是，在我看来，可以公正地说，许多人的思维受到传媒的影响，正深受其害。当然，这不是一项阴谋。握有控制权的中坚力量不过是一些拥有媒体资源的人，他们齐心协力，推动潮流向一个方向发展。这些人在麦迪逊大道（译者注：美国商业广告中心）或是萨维尔街（译者注：世界最顶级西装手工缝制圣地）工作，待在好莱坞、巴黎、米兰这类时尚之都。美容行业以这样或那样的方式起到了极大的辅助作用，它劝告众人，只有身材苗条、讲话有腔有调、穿精心裁剪的衣服，才会被人喜爱。这些人已经将我们握在手心，随意操控。

但是，他们行事狡滑，不露痕迹，一点一点地喂饱我们，却不会让我们觉得不安全。

事实是：在北美地区，有十分之九的女性对身体某部分感到极不满意，[20]男性对自己的身体同样也不怎么宽容。1992年一项针对11～15岁的加拿大女孩的民意调查显示，[21]50%的女孩认为自己应该减肥。她们不是"觉得"自己胖，只是认为"应当"减肥而已，好像"变瘦"成了一条文化法律一般。现在，5岁大的女孩儿也都开始关注摄入的食物。[22]如果随意抽取部分北美女性进行调查，你就会发现，大约50%的人正在节食。[23]如果调查对象为成年女性或少妇，这个数据会增至60%左右。有时，健康女性受女性杂志或寡廉鲜耻的美容整形外科医生的引导，认为自己正为"小提琴身体"[24]感到"痛苦"（即：臀部过于丰满，虽然事实上这是许多女性的自然体形），或是为"蝴蝶袖"[25]感到"烦恼"（蝴蝶袖指手臂下的松弛肌肤，当然这也是自然现象）。无名的力量迫使这些女性躺上手术台，进行"补救"。某些模特甚至手术移除肋底的肋骨，就为了强调苗条的腰线。[26]

但是，媒体传输的关于身体的观念不只是"苗条"一种。

事实是：超过半数的脱衣舞娘曾经都是选美比赛选手。初次听到这个数据，你会觉得大吃一惊。我们很难把这些健康、天真的小镇女王，同夜店霓虹灯下衣着暴露、在众目睽睽之下脱得一丝不挂的麻木的脱衣舞娘们联系到一起。这些小镇女王曾伴着手风琴翩翩起舞，最大的梦想就是当一名兽医。但是，只要你细细分析，就能发现其中的道理。就在一瞬间，十二岁的年轻选手站在了镁光灯前（还有一些年龄更小，例如美国选美小皇后乔贝妮特·拉姆齐），一种无法摆脱的牵引光束控制住她。她感到被人类学家称之为"男性凝视"的电流，在那一刹那，她明白，自己在人们心中的全部价值，在于现在她展现出来的模样。男人们研究她的嘴唇、身材、头发、腿以及青春期的乳房。她突然敏感地意识到，对于这种关注，自己有些期待，有些害怕，或是两种情绪兼有。外貌从未像现在这般重要；潜在的性吸引力（或者至少是渐渐出现的魅惑力）拥有不可思议的力量。这股力量，十年后，或许会令她走上脱衣舞酒吧的舞台，以便继续过上舒适的生活。或许五年、或许十年。"男性凝视"拥有强大力量，却也变化无常。只要男人闭上眼睛，房间里炽热的气氛迅速消失得一干二净。

这不是什么恐怖的新观点。事实上，这个观点现在几乎是陈词滥调，因为人们扭曲的价值观已经成为了客观存在。在我看来，这样的变化非常危险。有人认为自己理解这种思维模式，在我看来则不然。我不相信许多人完全理解了问题的严重性，或是其寓意后果。人们压根不知自己身处何种危险之中。

为什么许多人愿意放弃个人的力量，把它主动地、系统地转交给陌生人？这样做有什么意义？为什么人们愿意把最私隐的部分拿出来——看待自己的方式、存在于世界的方式——就为了博得一丝丝关注？这样做又有什么意义？

我想，人们不知道究竟发生了什么事，又或者是不想知道。从某种意义上讲，我们像永远长不大的孩子一样，放弃自我，到CK、雅诗兰黛、DKNY各大品牌中寻求安慰，我们追逐品牌的引导，受它们的诱惑，为它们着迷。从与各大品牌的关系中，我们获得某种安全感，就像妓女从皮条客那里获得的安全感一样。这渐渐成了默认的契约：你为我工作（例如，你穿我的衣服，用我的化妆品），我帮你守护你的社会地位，我会保护你的地盘。没有我，你知道出门没有安全感。我向你保证，在外面的世界，你不会受伤。因此你欠我一个大人情。为了我，你要更加努力，更加美丽；不论你感觉多么虚弱，多么崩溃，你每天都要走出家门，因为你知道，只有我才能给你所需要的。

从很大程度上讲，我们发现，在外面的社交世界，美容行业已经改造了人们的观点。什么是良好的关系，什么是美好的性，人们的思想发生了改变。我们用奇怪的方法制止不安全感，而美容行业则起到了强化作用。

"那些第一次约会的情侣，不用看也知道，"一位在温哥华某甜品店做女招待的朋友说，"女士不吃东西。男士会点一份厚厚的蛋糕，但她不吃。出于社交礼仪，她或许会用自己的叉子，从男士的碟子里取一点来小尝一两口，但她不会专为自己点份甜点。她们不是担心自己的吃相不雅，担心自己吃起东西来像头猪。她只是觉得，吃任何东西都会让自己变成猪。如果一个女孩儿开始担心自己像头猪，那么，要让她确认自己是头猪实在是再容易不过的事儿了。她是头猪。于是，任何人——这个男人、任何男人——永远不会认为她是个有吸引力的女孩儿了。"

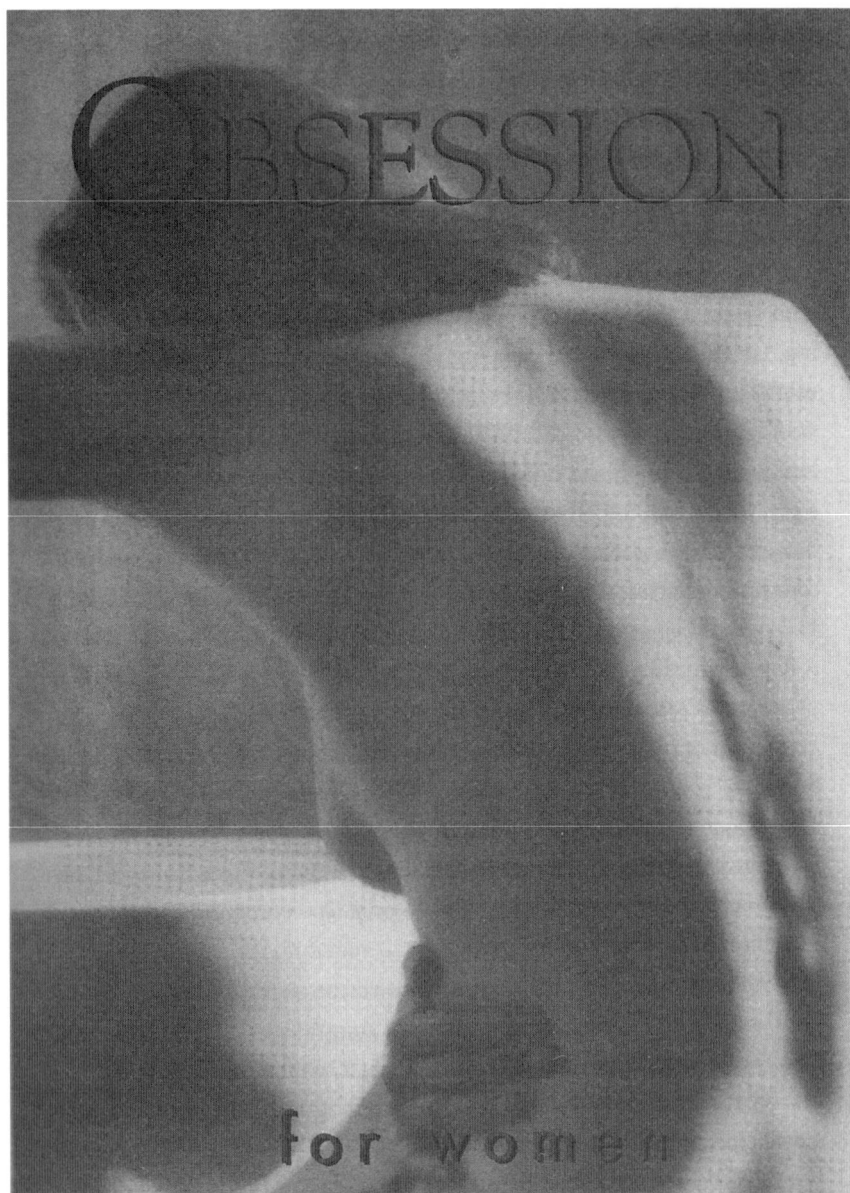

OBSESSION

for women

强迫症 女性

你的一天

8：00 am：你在麦当劳吃早餐。碎肉饼上的油在你的下巴上闪闪发光，像擦了婴儿油。你想起了孩提时代。

你不知道的是：在美国，每四位吃餐厅供应的早餐的人中，就有一位吃的是"麦当劳"。每隔三小时，世界某处就会有一家新的麦当劳快餐店开张。[27]该公司每年在广告上的花费超过10亿元。[28]

9：00 am：你推着购物车逛超市，走过堆成金字塔一般闪闪发光的苹果和辣椒。你买了抱子甘蓝，还有可可粉、糖、咖啡和香蕉。你对二月份有芦笋卖感到惊讶。你把一颗成熟的红番茄也放进了篮子里。

你不知道的是：这些蔬菜里打了大量的化学药剂，帮助它们在贫瘠的土壤里生长，使它们能够经历长途运输来到超市。苹果和辣椒之所以闪闪发光，是因为被涂上了厚厚的石蜡。成熟的红番茄，名叫"弗雷沃—沙沃（Flavr Savr）"，是转基因食品家族的一员。这项技术的拥有者就是农业生化巨头孟山都公司。加州大学洛杉矶分校的研究表明，超市出售的抱子甘蓝基本不含维生素。可可粉、糖、咖啡和香蕉一类的"经济作物"，主要供第一世界国家食用。它们占据了许多传统粮食作物的种植地，破坏土壤，往往引发饥荒。你吃的食物，来自于成本最低的土地。

6：00 pm：你打算用微波炉加热冷冻食品，它看起来和你昨晚吃的飞机餐简直一模一样。

你不知道的是：波音公司，就是你昨晚乘坐的那趟飞机的制造商，在二十世纪七十年代加宽了飞机座椅，因为乘客体积普遍增加，原有的座椅已经难以容纳乘客变胖的身体。飞机餐就是美国人喜爱的食物的典型：加工食品、方便食品、低营养、高脂肪。美利坚民族是地球上最胖的民族，[29]而且还在继续发胖。与其他国家的人相比，美国人人均摄入的卡路里更多，吃的零食更多，喝的高糖碳酸饮料也更多。脂肪几乎占我们摄入的卡路里的40％。

9：00 pm：健怡可乐（译者注：一种零卡路里碳酸饮料）（时间说明你确实关注卡路里的摄入量）。

你不知道的是：空乘人员有时用健怡可乐为商用飞机清洗洗涤槽。[30]

"吃"是一种复杂的活动。它综合了道德、心理、社会和性等多方面因素。把食物简单地比作"燃料"就像是把婚姻简单地比作"合租"

协议一样。食物是罪恶，它使人内疚，也令人快乐。我们暴饮暴食，然后又不吃不喝。

我们"希望"倾听身体的声音，但菲多利（Frito-Lay）食品公司堵塞了身体的反馈机制。我们想吃自然健康的食物，但世界上最大的加工食品供应商教导我们，要相信便利、舒适以及糖、盐、脂肪带来的口感。我们已经失去了盛宴带来的神圣乐趣。

在电影《芭比的盛宴》中，一位法国主妇用买彩票赢来的钱准备了一场极其丰富的盛宴，供住在挪威一座小岛上的清教徒享用。对他们来说，这顿晚餐奢华至极，甚至可以说是一种色情的感官引诱。这些清教徒早已不习惯从食物中获得快乐，因此很难接受芭比家的这个礼物。我们中的许多人就像电影里的岛民，我们吃加工食品长大，看到真正美味、充满诱惑的食物，反而觉得陌生，不知道应该如何反应。我们已经丧失了欣赏食物的能力。我们宁愿吃些包装食品。

晚餐，曾经愉快的家庭仪式，死了。感激，对丰收的顶礼膜拜，没了。联系，自然食品与消费之间的联系，不见了。

失去了这种联系，有点像失去一位老朋友。老朋友在我们的生命中扮演过诸多角色，以许多出人意料的方式丰富了我们的生活。但是，随着时间的流逝，我们彼此疏远。我们允许外人走进我们之间——食品加工人员、运输商、工厂化装备和管理下的农民、超市、垃圾食品商人。进入工业化食品时代，曾经跟伟大的"老朋友"要好的我们，找到了新朋友：品牌和公司。

新朋友时时关注我们的生活。麦当劳从不会离开十五分钟以上；巧克力拼盘就像7-11便利店，离我们非常近；本地超市现在提供更多的烹饪食品；孟山都公司已经开始计划我们未来的生物科技时代。

我们和工业食物行业的关系，越来越类似人们曾经同鸡猪牛的那种关系。为了不承担责任，我们当然要用控制权去交换。很快地，自由就会退化，变成回忆。我们再也无法想象多姿多彩的生活究竟是什么样。

"这简直是最离奇的事儿了。"上个星期一，一位记者朋友说道。她的鼻子和脸颊红艳艳的，不知怎的看起来年轻了许多。她因此欣喜若狂。显然她度过了一个暧昧的周末。难道是爱情的魔力？

是的，她承认，是的。

"我爱上了我的车。"

一周前她买了辆新吉普。周末的两天她开着车，上上下下走了个遍，皮肤都晒黑了。

我的感觉是，一位女性，在开了二十年的大众面包车后，突然发现，生活，原来不仅仅是实用，还应该享乐。一想起那辆车，想起它的味道、它的角角落落，想到"它"是"她的"，她常常莫明其妙地咯咯傻笑。她期待与四轮驱动车家族里的其他成员见面：交换一下打蜡技巧，遇到红灯时两指并拢打个招呼。在特殊场合，或是看到女儿的好成绩时，她会让女儿开着这辆车去学校，作为奖励。现在，她是吉普车的妈妈。她了解这辆车。她能感觉到它。

我明白。人们有时会对他们的汽车产生强烈的情感联系，有时甚至是一种迷恋。如果你也有一辆车，想想吧，你每天花了多少时间培养汽车和你之间的感情？想一想，你花了多少个钟头为它做清洁？为它换油？为它找停车场？为它检修？为它更新保险？即使是现在，这个思考的时刻，你也正在独自一人开车在路上。

在电影《全职浪子（Swingers）》里，任何一位没好车开的人，或者更糟，没有车的人，都会被立即"Shaqed"，也就是被女性拒绝。汽车就是身份的象征。它使我们完整，使我们获得新生，它彻底改造了我们。这就解释了为什么每隔几年，许多人为了焕发青春，都会忠诚地走进车展厅。

车跟时间有关——车的存在是为了创造更多的时间，即，瞬时机动！当然，如果掰着指头算一下，你会发现，时间还是只有那么多。但是，在大多数中型城市，与骑自行车相比，开车能让你更快到达大多数地方。

车跟速度有关——尽管你不过是在开车去洗衣店的路上，转弯时速度比平时快了那么一点点，它都能让你幻想自己是个国家宇航员。

车跟信赖有关——信赖，表现在一刹那，就是父亲第一次沉默地将车钥匙递到儿子手上的刹那：儿子，已经十八岁了（好好玩。小心别撞到电线杆上。）

我开的是辆1987年产的丰田。最后一次换油的时候我注意到，固定油盘的螺栓松了，油正在往外漏，于是我开车到丰田专营店，不得不拿出7美元换颗螺栓。收银的那个家伙公开承认这是在敲竹杠。"不过，除了我们这家店，你还能去哪儿？"他笑道。那种胡乱要价的行为，很多年来成为整个汽车行业的普遍做法，也早早地破坏了我和汽车制造商的关系。

我不喜欢为增加销量故意制造不耐用的产品的行为，但这一行为也成了一种普遍做法。汽车不像计算机，它们不会在几年后就因配置不足而没法工作。但是，汽车型号却在一年又一年地发生改变。两三年左右，零部件就会发生故障或被磨损。不知为何，人们相信，扔掉这辆旧的定时炸弹换辆新车换个新型号，才是明智之举。

我不喜欢过去的半个世纪以来汽车扮演的角色。它吞没了人们对村庄的理解，毁掉了社区的活力。"只要卡车能在二十四小时内把农产品运进你所在的地区，本地农产品市场就会随之消失。"简·霍尔兹·凯（Jane Holtz Kay）[31] 在作品《沥青国家（Asphalt Nation）》中写道："只要救护车能从高速公路把你接到医院，医生就不再上门诊治了。动脉或许还活着，但是社区的心跳已经很难听到了。"

我不喜欢全球汽车制造商用十几亿美元的销售预算和五十年来不变的广告地位，保持个人汽车销售地位的方式。有证据可以表明，私家车是人类历史上生产制造的最具杀伤力的产品，很长时间以来，它在交通运输上一直占据中心地位。

我不喜欢这个事实，那就是，汽车价格不能说明生态环境的真相。开车带来的环境污染，正被无所顾忌地转移给我们的子孙后代。如果用金钱来折合这种代价的话，数字上可以达到每年数十亿之多。

总之，我不喜欢全球汽车制造商和石油公司将所有问题最小化或是边缘化的方式。他们不正视全球变暖以及气候变化的问题，而是和情感丰富的广告商夯成一气，故意误导民众，说他们是生态环境之友。

我憎恨上述一切，可我仍开着我的丰田车。对便利的热爱，对节省时间的期盼，对速度和力量的渴望，再加上找不到可用的替换品，使我的恨意往往等于零。因此，我和我的丰田车的关系，我和汽车行业的关系，总让我内疚不已、焦虑不安。愤怒之情被长久地镇压，几乎再也压制不住。它就像是一段破裂的婚姻关系：二十五年来的漫长忍耐终于爆发，一段关系走到了尽头，剩下的只有激烈的宣泄，要么靠斧头，要么靠律师。

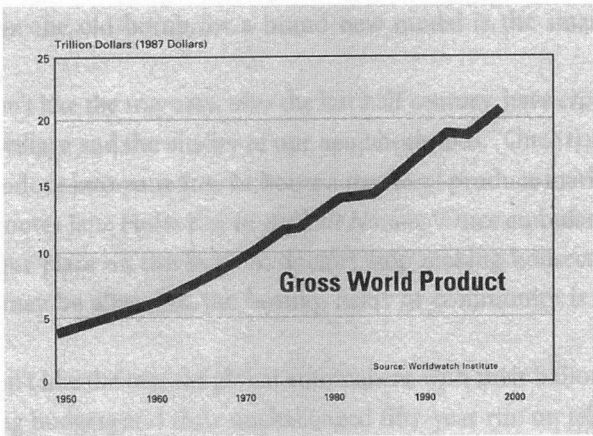

Trillion Dollars (1987 Dollars)

Gross World Product

Source: Worldwatch Institute

GWP（世界生产总值）
单位"万亿"美元（1987美元）
来源：美国世界观察研究所（Worldwatch Institute）

全球经济的金字塔骗局 [32]

(The Global Economic Pyramid Scheme)

    七位男士面带亲切的微笑，肩并肩站在宽阔的草坪上，四周的大道全部封锁。一百位摄影师争相为他们拍照。这七位男士彼此直呼其名，其他人则都要尊称他们为"先生"。警察正处于高度警戒之中。世界最有影响力的国家首脑鲜少齐聚一堂，而G-7七国集团经济峰会则是少数几个例外之一。如果外星球计划对地球展开致命一击，此时此刻就是最佳时间和地点。

    这七位男士此刻聚在这里，共同探讨协调经济、金融及贸易政策，为全球经济导航掌舵。这些人掌握整个世界超过三分之二的财富。他们通过世界银行及国际货币基金组织影响世界。他们通过世贸组织（WTO）行使权力。如果他们的财政部长说句"行动"，下令降低税收利率，全世界人民都得打开钱包。只要他们说声"停"，要求换个方向拉动宏观经济杠杆，全世界人民都跟着紧张。要是他们削减财政，人们就不得不丢掉工作，把生活晾在一旁了。

    是的，全球经济就像一头大猩猩，想坐哪儿就坐哪儿，七国集团首脑并不靠公司控制它。但是，运用权力，他们制定全球经济政策；利用G-7峰会，他们尽情表演，为民众安心打气；他们创造了控制的感觉。而对政治来说，感觉就是一切。首脑之所以能够维持权威，是因为"我们相信他们"。

    每次峰会的讨论焦点，都是如何保持经济增长。增长，是消费者资本主义的必要条件。没有了增长，现有结构下的全球经济就没有任何意义。我们似乎没有别的选择。但事实上，我们的确还有一种选择，一种从未在任何峰会上讨论过的选择。

两种思想

那种认为"不论经济是好是坏,增长就能解决问题"的观点是那些被称作"扩张主义者(expansionist)"的经济学家们提出的一种典型论点。这些经济学家一直支配社会经济模式,因为"扩张主义者"(有时也被叫做"新古典主义经济学家(neoclassical economist)")是我们这个时代的经济政策制定者。他们是大学教授,是政府的政策顾问,是大多数智囊团的核心人物。他们自信满满,他们的逻辑就是经济战略的指导方针,我们靠这些战略方针生活。

与此相对的,是生态世界观(ecological worldview)。这种新生的观点揭示了全球经济的真相。生态世界观的理论体系尚未构建完整,逻辑体系还稍欠自信。在今天,它的支持者可能还不到现有经济学家和经济学教授全部人员的五十分之一。但是,这种观点正以飞快的速度为人们所接受。现在,生态经济学(ecological economics)已经对它的敌人,占主导地位的扩张主义者,形成了不小的冲击。

这两种世界观截然相反,如果愿意,甚至可以说有天壤之别。

生态经济学家(ecological economist,英文还可以称其为"bioeconomists")预见了《圣经》上所说的"世界末日"的到来,警告说,人类已经到达历史上一个特殊的连接点,也就是说,按照生态经济学上的说法,世界已经"饱和",[33]继续扩张将使人类进入生态噩梦之中,进入一个长久的、甚至可能是永恒的"绝望时代"。

相反,扩张主义者从不把"增长"看作一个问题,而是把它看作解决经济灾难的有效手段。他们声称,没有理由可以阻止"增长"继续。"地球的承载能力是无限的,[34]在可预见的未来,不论何时,这个承载能力也不会受到任何影响,"世界银行前首席经济学家萨默斯(Lawrence Summers)宣称,"所谓全球变暖或是别的什么原因会导致世界末日,这种风险是完全不存在的。认为世界正走向无底深渊的想法同样错得离谱。说什么应该限制增长,因为某些自然界的限制,这种说法更是大错特错。"

萨默斯的看法如此傲慢,简直令人难以置信,其他扩张主义者却持赞成态度,他们都信仰科技的力量。"如果能轻轻松松用别的东西代替自然资源,"[35]诺贝尔奖获得者罗伯特·索洛(Robert Solow)说:

"那么，……实际上，世界就能够不靠自然资源生存，因此，能源枯竭将只是一个事件，而不是一场大灾难。"《短缺或丰富？关于环境的一场辩论》一书的作者，已故的朱利安·西蒙（Julian Simon），曾吹嘘说："我们手上握有——事实上是图书馆里存有——能够让人吃饭、穿衣的技术，这些技术能为接下来的七十亿年里不断增长的人口提供能源。"[36]

当然，对生态学阵营来说，以上言辞纯属挑衅。不仅如此，他们认为，这些言论极其不负责任，纯粹是无稽之谈。威廉·瑞（William Ree）——《生态脚印（Our Ecological Footprint）》[37]一书的其中一位作者，同时也是新经济的主要发言人——警告说，自第二次世界大战以来，世界经济活动以五倍的速度扩张（21世纪以二十倍的速度增长），这已经"造成生态层和人类经济子系统之间，物质及能源的空前交换"。他指出，40%的陆地生物和25%的海洋光合作用已经转为人类所用。[38]他把臭氧损耗、气候变化、滥伐森林、土壤退化以及生物多样性的丧失，看作是清晰的警示信号，警告人类必须停止对生态层施压，否则只有死路一条。1994年，58位世界科学院（World Academy of Science）的理事们公布了一份文件，宣布，从本质上讲，人类正走在一条空前的、灾难性的道路上，这条路将摧毁生命赖以维系的支持系统。人口过剩、消费过度、不当的技术应用及经济扩张，正在改变地球的生物物理学特征。

生态经济学家指责扩张主义者正在典当家里的银器，指责他们为了短期利益，正在"清算"星球不可替代的自然资产。罗伯特·艾尔斯（Robert Ayres）[39]在《生态经济学的国际社会杂志》中写道："……每一个迹象表明，由不当贸易和'增长'政策支持的人类经济活动，正比我们整个星球历史上任一所知事件——可能除了灭绝恐龙的那次行星大碰撞以外——以更快的速度，更多地扰乱自然环境。人类可能正在走向灭绝。"

生态经济学

假设一下，如果某个时刻人类的生存受到真正的威胁，我们会怎么做？我们应当如何消除这一威胁？答案很明显：追求可持续性发展，设计一套全新的经济体系，既能为我们提供所需，又不会以牺牲后代的幸福为代价。对于生态经济学家来说，如何使每一代人拥有公共竞争的环境是我们这个时代最大的挑战，其他任何挑战都不能与它相提并论。如果缺乏文化改革，即彻底转变人们的价值观、生活方式和制度议程，任何解决方法都没有意义。我们需要重新创造美国梦。

扩张主义者把追求可持续性看作一个无比简单的命题：通过解放市场、使政府服务私有化和消除贸易壁垒，最大程度地创造财富。根据他们的理论，运用这些方法，就能制造新一轮经济扩张，创造足够多的财富处理环境恶化、贫穷，以及其他经济灾难。

但是，扩张主义者的论点中有一个缺点，那就是，他们没有精确的方法度量他们常常挂在口中的经济增长问题。他们唯一的度量方法，就是国内生产总值（GDP），而这个方法有着严重的缺陷。[40]

仔细想想：当年瓦尔迪兹号(exxon valdez)在阿拉斯加湾漏油后，相关部门耗资二十亿美元试图清理海湾，将生态损伤降至最低点，这笔钱后来进入美国经济各个流通环节，造就GDP的大幅增长。海湾战争爆发时，美国GDP再一次升高。金钱每转一次手，国家就变得更"健康"。事实上，每发生一起车祸，每诊断出一起新的癌症病例，GDP都会随之增长，经济就能有所"收获"。

仔细想想：走路、骑自行车、乘坐公共交通车，不如开私家车对GDP的贡献大；火车不如飞机的贡献大；多披一条毛毯或是多穿一件毛衣不如调高恒温器温度的贡献大；独生子女家庭不如6个孩子的家庭的贡献大；吃土豆不如吃牛肉的贡献大；自己种菜不如去超市买菜的贡献大；做全职家庭主妇不如在温蒂汉堡店兼职的贡献大。事实上，GDP无法为无酬工作或是志愿者工作计算价值。好几千万北美人所做的贡献在扩张主义者的雷达系统中完全得不到体现。同样地，GDP也不能为日益减少的鱼储量或是消失的森林计算价值。似乎所有的负面因素都不存在。

GDP量"好"不量"坏"。它无法分辨"使社会有所得的经济效益"与"使社会有所失的经济效益"有何不同。按照加拿大政治科学家罗纳德·科尔曼的说法，单纯根据GDP指数制定经济政策的做法，就像是开着没有汽油表的车子上路。[41]引擎似乎运作正常，但能坚持多久，还是未知数。

这就是生态经济学家唾弃GDP的原因，也是他们发展出自己的经济增长度量法的原因。第79页的三个图表表明了从1995年至二十世纪八十年代，美、英、德三国高速增长的GDP数据。但是，另一种更加精确的经济增长度量法，[42] ISEW（Index of Sustainable Economic Welfare 可持续经济福利指数），却为我们讲述了一个截然不同的故事。该方法于1990年由经济学家赫尔曼·达利（Herman Daly）及力学家柯柏（John Cobb）共同提出。如果把一些"坏"的因素，如污染、不可再生能源损耗及尾气污染引起的健康问题等，列入度量因素之中，就会暴露出一幅完全不同的经济画面：自二十世纪七十年代以来，美、英、德三国经济在经济福利指数上没有任何进步，事实上，上述三个国家的经济福利水平不断下滑并且是大幅度地下降。

ISEW指数，以及GPI指标（Genuine Progress Indicator，真实发展指标，由旧金山"发展重新定义组织"提出），暴露出扩张主义者的真实面目。他们是一群卖力讨好上司的人，制订商业计划前全不作周全考虑；他们是伪科学家，自己还没搞清楚状况就催促世界追随他们的脚步走。新古典主义经济学家紧紧依赖他们的数学模型，就像儿童对泰迪熊的依赖一样。他们在纯学术的孤岛上制定政策，全然不顾这些政策会给现实世界带来什么后果。他们的世界是"显示性偏好（revealed preferences）"以"合理预期（rational expectations）"的世界，是可以拒不受理"完全自愿交换（perfectly voluntary exchange）"和"负外部性（negative externatlities）"的世界。他们的世界不是我们的世界。他们的世界是不存在的世界。

"科学和经济学的区别，[43]"斐迪南·班克斯（Ferdinand Bankes）在《真理与经济学（Truth and Economics）》一书中说，"在于科学致力于了解自然行为，而经济学致力于了解模型——这类模型中有许多与任何自然形态没有任何联系，它们不会存在于这个星球上的任一角落，也不可能存在于从今天开始至世界末日到来期间的任一时刻。这类幻想其实就是欺诈。"

世界末日机器

1996年，一次离奇的、悲剧性的大规模欺诈案在东欧国家中竟相被报道。在保加利亚、罗马尼亚、俄罗斯、塞尔维亚以及阿尔巴尼亚，那些把毕生积蓄投到许诺无偿获得丰厚回报的投资计划中的市民，瞥见了自由市场的黑暗面。在阿尔巴尼亚，约90%的极度贫困的国民，把部分收入或全部收入投进"基金会"，而事实上，这些基金会全部都是金字塔（传销）骗局。没人知道他们究竟把钱投到了什么上面，但投资计划如

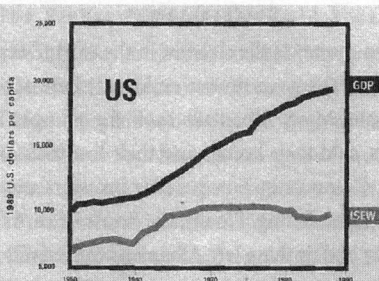

Source: Herman E. Daly and John B. Cobb, Jr.
For The Common Good, Beacon Press, 1990.

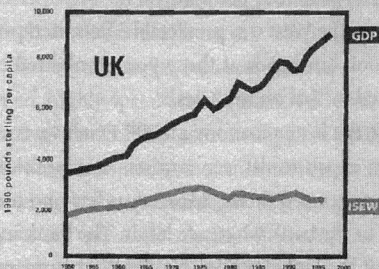

Source: New Economics Foundation, Tim Jackson and Nic Marks

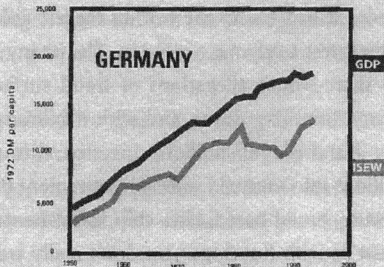

Source: *Friends of the Earth,* U.K.

Two different ways of measuring economic progress: Gross Domestic Product (GDP) and the Index of Sustainable Economic Welfare (ISEW). When pollution, depletion of nonrenewable resources, car exhaust–related health costs and other social and ecological costs are subtracted from the GDP, then economic "progress" levels off around 1975 and starts falling thereafter.

1989 U. S. 美元人均
来源：Herman E. Daly 及 John B. Cobb, Jr.
　　　The Common Good，Beacon Press，1990

1990英镑人均
来源：New Economics Foundation,
　　　Tim Jackson 及Nic Marks

1972 DM（德国马克）人均
来源：Friends of the Earth，英国

两种不同的经济发展度量法：GDP及ISEW。如果从GDP中扣除污染、不可再生资源的消耗、汽车引起的健康代价及其他社会生态代价，经济"发展"的水平自1975年起大幅下降。

此振奋人心，许诺的回报如此诱人，难以抵抗：车子、热带度假圣地、三个月内本金增加三倍、人人都可能过上更好的新生活。人民相信了。为什么不呢？"阿尔巴尼亚的钱是全世界最干净的钱。"阿国总理萨利·贝里沙再三保证，打消了人民的疑虑。如果政府都认同这些投资计划，它们肯定是合法的。许多阿尔巴尼亚人决意冒险，他们堵上家庭全部所得，卖掉房子，卖掉家畜。但是最后，在阿尔巴尼亚，新的投资者被榨得一干二净，基金开始下跌。终于，这栋由纸牌搭建的房屋崩塌。人们发动骚乱。他们一无所有。阿尔巴尼亚人民共损失十亿美元——这个数字是全国财政赤字的三倍。人们信任政府，却被政府背叛。

西方的反应不用说也知道。总结成一句话，就是既困惑又遗憾。我们对那些愚昧的可怜虫摇摇头，气愤他们居然随便被人一劝，就把一生"赌在了奇迹上"。

但是，我们的经济寓言又有多大的不同呢？难道我们不是和阿尔巴尼亚人一样，相信自己的金融顾问、扩张主义经济学家和政治领袖吗？我们中的大多数人不清楚自己的钱在哪儿。它们不在银行，虽然我们把钱存在了那儿。银行把钱注入全球货币市场的血液循环之中。每一天，大量货币从一个市场流入另一个市场，在特定的热锅中聚集起来。加拿大某公司宣布在印度尼西亚雨林中发现全球最大的金矿后，人人都想加入。这个公司原本的低价股迅速飙升至每股三百美元——直到欺诈指控浮出水面，这栋纸牌房的道琼斯指数暴跌。在这数十亿美元的投资风暴中，有几百万美元来自于养老基金。我们把数十亿元投到共同基金以及养老金计划里，以为这些都是安全、基础深厚、靠得住的投资计划。但是，这些基金里究竟是些什么？你不会真想知道。这就像吃热狗，面包里到底夹了些什么料，还是不知道为妙。你的钱中或许有一部分被用于支撑某个政权的经济。这个政权，有时令人疑虑，有时残暴不仁，有时甚至可能引起种族灭绝。

世界有大约五十万人每天早上一觉醒来，就会离开现实世界、工作和大自然，一头扎进网络世界中玩金钱游戏。他们发明新的工具，如期货、债券、金融衍生产品、套利等。每种工具各有其风险和回报。现实流通世界中价值一美元的产品和服务，通过金钱游戏，价格可以攀升至五十美元之多。[44]另外，他们还能通过相互借贷和哄抬价格的方式，促使"货币"贬值、通货膨胀。每一天，数万亿美元在这个系统中搅动，[45]

为动作灵活快速的人赚取几十亿的虚拟利润。就连睡觉的时候，这些人的电脑也会继续搜寻利润率，一旦条件成熟，就自动完成购买和出售动作。

在美国的投资所，一位名叫基德·皮博迪的交易员在两年时间内上报了1.7万亿的虚假交易，并因此被捕。英国的巴林（Barings）银行里，一位年轻的经纪人，曾因"具有特殊的能力"受到表彰，因为他能在不承担巨大风险的前提下，赚取高额利润。但是，就是同一个人，在一个月内损失了十三亿美元。正是由于他对日本期货的热情，使这个有233年历史的古老银行宣告破产。

那些著名的、高度投机的"金融衍生产品"，不只是幼鲨眼中的特殊货币。安永会计师事务所(Ernst and Young) 在1997年透露，该公司业务中差不多三分之一的投资基金，都包含了"金融衍生产品"。总体说来，现在世界货币交易中的97%属于投机。[46] 而1970年，这一数据还只在30%左右浮动。

盲目信任是一件极其恐怖的事。我们放弃对自己金钱的控制权，以为市场会保持稳固，以为老本会不断增长，但事实上，我们所做的间接投资通常不过是由打包用的钢丝把盲目信仰捆绑在了一起。

那么，全球经济究竟如何？是否有生存力？是否真有足够多的"不动产"、工厂、工作和金矿？是否有足够多的优质表层土？海里是否有足够多的鱼？经济是否足够进步，能使一切持续增长？如果答案是肯定的，那么，一切又能够持续多久？

1987年10月27日——黑色星期一——道琼斯工业指数下跌554个点，这是十年来单日暴跌创造的历史新高。纽约证券交易所的回路切断器开始运转、关闭了所有交易。就在几天前，香港恒生指数经受了类似的折磨，悲观情绪蔓延。由于多米诺骨牌效应，六个亚洲国家经济随之下滑或即将下滑。美国经济勇敢许多，它迅速回升。分析家称这种经济急速下滑现象为"纠正"行为。于是投资者们又重归于好，道琼斯指数迅速重新飙升至约10 000点，似乎什么也没有发生过。但是，事实上，有些事的确发生了。这次全球同步的巨大冲击反映出，世界经济现在正以怎样可怕的程度相关依靠；同时也反映出，全球经济现在究竟是一个怎样的实体。我们做的每一件事都能将整个世界卷入其中。危机从未离我们远去。日本、中国，以及亚洲"几小虎"的经济发展已经证明了这一点——全球经济是一个巨大的结合体。我们本国的经济，从很大程度上来讲，靠的是对公众情绪及恐慌的有效管理。七国集团首脑及美联储的格林斯潘（Green Span）通过发布仔细的照本宣科式的声明，实现了这种管理。如果，除了当前的不安全感之外，气候变化不断升级的梦魇也突然变成现实，世界将会怎样？也就是说，如果整个星球的生态和经济同时困在致命的旋涡中，世界将会怎样？合理的猜测是：那时，无论是黑色星期五，还是黑色星期一，都算不得什么了。你一定会问，新古典扩张主义者靠不断蚕食自然资本获得所谓"收入"，这样的游戏还能玩多久？什么时候金字塔会崩塌、七国集团首脑会仓惶而逃？

　　阿尔巴尼亚人或许天真，但他们的行为完全可以理解。他们必须得为自己的钱做些什么，因为当时货币正在迅速贬值。日本人、韩国人、马来西亚人、印度尼西亚人，以及——从某种程度上说——我们余下的所有人现在都掉入了类似的虎钳之中。我们担心将来；我们不想老来受苦；我们希望钱迅速变多，因此，我们试了试股票、债券和期货，希望用这种方法增加我们的养老金。"合理投资。"我们对经纪人说，然后，把将来交到他们手中。

　　金字塔骗局靠的是不断有新人送上门来给人骗，前一批的"贡献者"从后一批人的口袋中获利。如果再也找不到新的"贡献者"，骗局就失效了。在扩张主义模式下的全球经济下，未来的一代代人——我们的孩子和孩子的孩子——就是这些受骗的人。随着干净的水源和空气日益减少，随着森林、鳕鱼、鲑鱼和其他野生生物的消失，随着气候不稳定性的加剧，我们最终会到达某个临界点，在那里，人类的某一代人再也没办法迈入整个骗局之中，突然止步不前。现在，人人都在猜测，我们离那一天究竟有多远？

　　最近，我看了一则关于内布拉斯加州的一个城填的报道。据报道，该地区居民因为长期使用烧木柴的壁炉，烟尘不断积累，最后致人生病。哮喘患者不得不入院随时接受治疗，儿童放学后不能到户外玩耍。最后，地方政府出台法令，禁止周一、周三及周五下午燃烧木柴。许多本地人义愤填膺。他们哭嚷着说，怎么有人胆敢命令我在自己家里该干什么不该干什么？然后还想干嘛？你是不是要接着告诉我，我不能开自己的车？我不能买自己的枪？我不能生孩子？

　　我对这种反应很熟悉。每一年，广告克星媒体基金会都试图为"零购买日"公益广告购买播放时段，倡议所有美国人在每年十一月的最后一个星期五，捂紧钱包拒不购物。每一年，各大媒体广播公司都会将我们拒之门外，只有一档节目——"CNN头条新闻"——接受了我们的钱，播出了我们的广告。每一年广告播出后，总有几十名愤怒的观众打进1-800热线。去年，一位"关心"我们的市民说："滚出这个国家！你们这群环保狂！从哪儿来就滚回哪儿去！"

与此同时，回到七国集团峰会，世界领导人们正在几千名新闻人、记者和电视人面前上演一出华丽的秀。每天都有新闻对此事进行报道，各大公报、背景资料、联合声明、相关照片不断出现。公关人员尽其所能。明明是几千抗议者手牵手，试图包围某次会议会场，但是，电视新闻播出后，整个示威活动完全变了味儿，不知怎的，反而为集团峰会助了威，进一步加强了峰会的重要性和合法性。

美国总统不过读了一篇由幕僚备好的发言稿，世界上好几百万人就追着收看晚间新闻，关注会议进程。我们微微地放了心。这些人知道他们在干什么。尽管近来有些不同的声音喃喃而语，但是全球经济的战舰仍在规定的航线上行驶，这艘永不沉没的梦之船正朝着黑夜前进。我们习惯性地抓起遥控器，从这些不同的声音上走开，换个台，锁定《X-档案（X—Files）》，电影里的特工福克斯·穆德（Fox Mulder）又一次发现了某些疯狂的阴谋。

注释:

1. "异端崇拜"章节以松河野（Kono Matsu）作品《异端崇拜》（《广告克星》，1998夏季刊，第32-33页）为基础。

2. 第一次"关电视周"活动于1994年由广告克星媒体基金会组织发起。见《广告克星》1994年夏季刊，第24页。TV Free America组织于1995年发起"美国关电视周"活动。

3. 第一次全球"零购买日"活动于1992年9月24日在温哥华举行，它是艺术家Ted Dave的思想结晶。自此之后，本活动逐步发展成为世界范围内的简单生活庆典活动。现在，该活动于每年十一月的最后一个星期五举行（某些国家为最后一个星期六）。澳大利亚将该活动命名为kauf Nix Tag活动，比利时命名Niet-Winkeldag，芬兰命名为（Älä Osta Mitään Päivä），法国命名为（La Journée sans Achats），德国为Kauf Nix Tag，荷兰为Niet-Winkeldag，挪威为Nullkoptagen，波兰为Dzien bez zakupow，斯洛文尼亚为Dan brez nakupov，英国为No Shop Day，瑞典为Kopvagrardagen，日本为Nanimo Kawanai Hi。

4. "一个消费被控制的官僚社会。"——亨利·列斐伏尔（Henri Lefebvre），《日常生活的批判》（英译本，Verso, 1991），引自克里斯·霍洛克斯（Chris Horrocks）和卓然·耶夫蒂奇（Zoran Jevtic）的《布希亚》（Icon Books Ltd, 1996，第8页）。

5. "非官方'美国™'历史"，本章内容主要受理查德·L.格罗斯曼（Richard L. Grossman）和弗兰克·T.亚当斯（Frank T. Adams）的《照顾生意——公民和公司章程》（Charter, Ink., P.O. Box 806, Cambridge, MA 02140,1993)一书的启发。美国公司史知识来源于大卫·C.科腾（David C. Korten）的《当公司管理这个世界》（Berrett-Koehler Publishers, 1995）。

6. "政府严格限定公司规模及其权力范围"——理查德·L.格罗斯曼（Richard L. Grossman）和弗兰克·T.亚当斯（Frank T. Adams），《照顾生意——公民和公司章程》（Charter, Ink., P.O. Box 806, Cambridge, MA 02140, 1993,第8页）。

7. "在两百年左右的时光里……"——理查德·L.格罗斯曼（Richard L. Grossman）和弗兰克·T.亚当斯（Frank T. Adams），《照顾生意——公民和公司章程》（Charter, Ink., P.O. Box 806, Cambridge, MA 02140, 1993,第7页）。

8. "1832年，总统安德鲁·杰克逊投票否决了一项动议……"——理查德·L.格罗斯曼（Richard L. Grossman）和弗兰克·T.亚当斯（Frank T. Adams），《照顾生意——公民和公司章程》（Charter, Ink., P.O. Box 806, Cambridge, MA 02140, 1993, 第12页）。

9. "总统亚伯拉罕·林肯预见了由此引发的严重危机……"——大卫·R.卢瓦（David R. Loy），《一个佛教徒对跨国公司的评判》（日本茅崎市文京大学国际研究中心教授，<www.igc.apc.org/bpf/think.html>）。

10. "在一场由'圣克拉拉郡'对'南太平洋铁路公司'的案子中……"——理查德·L.格罗斯曼（Richard L. Grossman）和弗兰克·T.亚当斯（Frank T. Adams），《照顾生意——公民和公司章程》（Charter, Ink., P.O. Box 806, Cambridge, MA 02140, 1993, 第20页）。

11. "最高法庭法官威廉·O.道格拉斯为圣克拉拉郡平反……"——理查德·L.格罗斯曼（Richard L. Grossman）和弗兰克·T.亚当斯（Frank T. Adams），《照顾生意——公民和公司章程》（Charter, Ink., P.O. Box 806, Cambridge, MA 02140, 1993, 第20页）。

12. "这种转变相当于一场政变……"——大卫·R.卢瓦（David R. Loy），《一个佛教徒对跨国公司的评判》（日本茅崎市文京大学国际研究中心教授，<www.igc.apc.org/bpf/think.html>）。

13. "1997年，世界百强经济体中……"——《民主只是一阵子的事吗？》（《亚特兰大月报》，1997年11月刊，第71页）。

14. "一位名字珍妮佛·贝蒂的学生……"——卡利·里德森（Kari Lydersen），《芝加哥笔墨》（1998年4月刊）或《广告克星》（1998年夏季刊，第56页）。

15. "一位名叫麦克·卡梅伦的学生在学校的'可口可乐日'当天……"——弗兰克·斯沃博达（Frank Swoboda），《华盛顿邮报》（1998年3月26日）或《广告克星》（1998年夏季刊，第56页）。

16. "北美地区所有效区的大型购物卖场里，爸爸妈妈推着购物车……"——盖尔·约翰逊（Gail Johnson），《我们顾客》（《广告克星》1998年夏季刊，第20页）。

17. "在密苏里州的圣路易斯，农业生化巨头孟山都（Monsanto）公司出动专业法律团队……"——

《孟山都的合法谋杀》（《食物和水杂志》1998年夏季刊，第10页）。

18. "FOX电影公司某子公司……"——史蒂夫·威尔逊（Steve Wilson），《农场里的FOX公司》（《国家报》，1998年6月8日，第20页）；或吉姆·布斯罗伊德(Jim Boothroyd)，《广告克星》1999年冬季刊，第20页）。

19. "MAI能够有效地创造一个全球经济体……"——克雷格·考克斯（Craig Cox），《跨国公司大宪章》（《优涅读者》1997年11月刊，第16页）。

20. "在北美地区，有十分之九的女性对身体某部分感到极不满意……"——《食物和体重问题的简介》（国家饮食失调信息中心，多伦多，1985年，第5页）。

21. "1992年一项针对11至15岁的加拿大女孩的民意调查显示……"——《加拿大年轻人的健康问题》（加拿大的健康和福利，1992）。

22. "现在，5岁大的女孩儿也都开始关注摄入的食物。"——唐娜·希丽斯卡（Donna Ciliska），《为什么节食失败？》（Second Story Press，1994，第80页）。

23. "大约50%的人正在节食"——《内战》（《卡尔加里先驱报》1997年10月6日，B5页）。

24. "小提琴身体"——伊丽莎白·海垦（Elizabeth Haiken），《维纳斯的嫉妒：美容手术的历史》（John Hopkins，1998，第299-300页）。

25. "蝴蝶袖"同上。

26. "某些模特甚至手术移除胁底的肋骨，就为了强调苗条的腰线。"——《纽约时报》周末版，国内新闻，1995年11月。

27. "每隔三小时，世界某处就会有一家新的麦当劳快餐店开张。"——理查德·吉普森（Richard Gibson），《华尔街日报》1996年1月22日。

28. "该公司（麦当劳）每年在广告上的花费超过10亿元。"——《广告时代》1998年9月28日，第S4页。

29. "美利坚民族是地球上最胖的民族……"——路易斯·哈里斯公司主席汉佛莱·泰勒（Humphrey Taylor），《美国人口统计数据》1991年10月，第10页。

30. "空乘人员有时用健怡可乐为商用飞机清洗洗涤槽。"据一位朋友说，加拿大空乘人员迅速意识到，所有软饮料均可做清洁剂使用，其中"健怡可乐"效果最佳。这位朋友1993年之前做空乘人员。

31. 简·霍尔兹·凯（Jane Holtz Kay），《沥青国家》（Crown Publishers，1997）。

32. 《全球经济的金字塔骗局》章节首次出版时标题为"峰会中的巫毒教（Voodoo at the Summit）"（《广告克星》1997年夏季刊）。

33. "按照生态经济学上的说法，世界已经'饱和'……"——威廉·E.里斯（William E. Rees），《可持续发展，增长和就业：对生态稳定，经济安全和未来的社会满足》（出自英属哥伦比亚大学城市及地区规划学院的一份为持续发展国际机构准备的报告，1994年6月，第ii页）。

34. "地球的承载能力是无限的……"——劳伦斯·萨默斯（Lawrence Summers)，由威廉·E.里斯（William E. Rees）和马斯斯·威克纳格（Mathis Wackernagel）《自然资本投资：生态经济可持续发展的方法》（编辑A–M·简森A–M Jannson, M. 汉默M. Hammer, C.福克C.Folke, R.斯坦萨R.Costanza, Island Press，1994，第363页）。

35. "如果能轻轻松松用别的东西代替自然资源……"——罗伯特·索罗（Robert Solow），由威廉·E.里斯（William E. Rees）和马斯斯·威克纳格（Mathis Wackernagel）《自然资本投资：生态经济可持续发展的方法》，第365页。

36. "我们手上握有——事实上是图书馆里存有……"——朱利安·西蒙（Julian Simon），《人类现状：稳步前进》（卡托政策报告17:5，华盛顿卡托研究中心，1995）。

37. 威廉·E.里斯（William E. Rees）和马斯斯·威克纳格（Mathis Wackernagel），《我们的生态脚印：减少人类对地球的影响》(New Catalyst，1995)。

38. "40%的陆地生物和25%的海洋光合作用已经转为人类所用。"——威廉·E. Rees），《可持续发展，增长和就业：对生态稳定，经济安全和未来的社会满足》第1页。

39. 罗伯特·艾尔斯（Robert Ayres），《增长范例的有限性》（《生态经济学的国际社会杂志》，1996，19:117-134）。

40.关于GDP的讨论，详见克利福德·柯布（Clifford Cobb）， 特德·哈斯泰德（Ted Halstead），乔纳森·罗（Jonathon Rowe）的《如果经济在增长，为什么美国在衰退》（《亚特兰大月报》），1995年10月。或见卡勒·拉森《上一次经济腾飞》（《广告克星》， 第一卷，No.3，第65页）。

41.“单纯按照GDP指数制定经济政策的做法……”——圣玛丽大学的政治学教授罗纳德·科尔曼（Ronald Coleman）在CBC广播节目“碰巧发生”谈及（1997年11月24日）。

42.“另一种更加精确的经济增长度量法”——赫尔曼·达利（Herman Daly）和小约翰·柯柏（John Cobb, Jr.），《为了共同的利益，将经济转向社区、环境和可持续的未来》（Beacon Press，1989，第401页）。

43.“科学和经济学的区别……”——出自斐迪南·班克斯（Ferdinand E. Banks）1989年在澳大利亚演讲。其作品《能源经济学：现代概论》将于1999年由Uppsala Economic Studies出版。

44.“现实流通世界中价值1美元的产品和服务，通过金钱游戏，价格可以攀升至50美元之多。”——乔尔·库兹曼（Joel Kurtzman），《货币之死》（Simon & Schuster, 1993，第65页）。原文为“……金融市场的二十美元或者五十美元（没人确定这个数字）的真实价值只有一美元……”。

45.“每一天，数万亿美元在这个系统中搅动……”——理查德·朗沃斯（Richard Longworth），《全球紧缩——第一世界国家将面临的危机》（Contemporary Books, 1998）。

46.“总体说来，世界货币交易中的97%现在属于投机……”——渥太华大学的米歇尔·乔苏多夫斯基（Michel Chossudovsky）的私人交流；同见帕特里克·哈里森（Patrick Harrison），《革命必将被碳化》（《广告克星》1998年秋季刊，第65页）。

春季篇

Paris, May 1968

革命的冲动[1]

（The Reoolutionary Impalse）

虽然世界上有许多人从未听说过"文化干扰"运动，但这并不是一场新运动。我们把自己置于一系列连续统一的革命之中。参与这场革命的有——将时针往后拨——早期的朋克族，六十年代的嬉皮士，由一群欧洲知识分子和概念艺术家组成"情境主义国际"组织（Situationists International，其前身为字母主义国际"Lettrist International"），超现实主义者，达达主义者（Dadaist），无政府主义者，以及这么多年来一系列其他的社会鼓动者。他们的主要目的是通过一种原始的、真诚的、真挚的方式，挑战社会主流思潮。

我们之间的共性在于——除了对权威持好战态度之外——愿意担负最大的风险，贡献一生追求小而自然的真理时刻。每一天，甚至每一个小时，我们都大胆去做，这也意味着我们的行事往往并不遵循普通的、反射性的方式。真正的行动就是要让不断的造假和纠正的过程为人们所知，这个"造假和纠正"的过程，就是后现代社会的繁荣发展的原动力。"在一个人们集体保持沉默的小房间里，"诺贝尔奖得主切·米沃什（Czeslaw Milosz）说，"一句真话听起来都像是一声枪响。"[2]

美国文化评论家马库斯（Greil Marcus）在他的著作《口红印记（Lipstick Traces）》中，把"性枪手"乐团（Sex Pistols）主唱约翰尼·罗顿（Johnny Rotten）定义为反传统的预言师。罗顿是一位快乐的无政府主义者，他常常在电视上爆粗口，唱起歌来就像是要改变世界——或者至少说，想要推翻那个时代梦幻的、由"披头士"乐队引领的乐观主义思潮，与经典摇滚唱反调。不知为何，无论社会舆论对"性枪手"乐团如何打趣，说它是赤裸裸的商业化团体也好，说它是一个没有多少天赋全靠炒作的乐团也好，罗顿本人却没有受多大影响。不仅如此，他还创作了一些意义非凡的作品。

我们不知道罗顿是否了解"情境主义国际组织（SI）"，但是，从哲学意义上讲，"性枪手"乐团与SI确实如出一辙。他们那首《联合王国的无政府主义（Anarchy in the UK）》，以一种天然的诗歌形式，支持了SI运动的哲学。"性枪手"乐团希望自己"不是故事的对象，而是故事的主角"，马库斯如是说。这句话简直是对文化干扰者的思想潮流最有效的定义，你再也找不到比它更加贴切的语言了。

马库斯回忆，有一次，约翰尼·罗顿在柏林墙前抱着吉他发疯一般地吼叫，他认为罗顿的这种行为，表明"他的目标……是用他的行动，接受所有的愤怒、智慧和力量，再把这一切扔回这个世界，让世界注意，让世界怀疑它最珍视的、未经检验的信仰"。我想，文化干扰者可以从这些早期的朋克一族中学到许多。他们是最早意识到虚无主义的人，也是最早责备世界没有未来的人——而且，有那么几年，他们的愤怒震撼了世界。

朋克族，以及嬉皮士、雅皮士、"垮掉的一代"、无政府主义者、达达主义者、超现实主义者、自动化艺术家（译者注：Automatistes，二次世界大战后魁北克艺术团体）、激浪派艺术家（Fluxus）和许多对现实不满的空想家，都代表了一种古老的精神，那就是反抗现有的秩序。但是，是情境主义者第一次把这种"无政府主义"精神应用到现代媒体文化中。是他们第一个意识到，媒体制造的情境，正在慢慢腐蚀人类的灵魂心智。他们，从某种意义上说，是最早的后现代革命者。

情境主义组织最初是由八位艺术家及作家组成，他们中的大多数是欧洲人。1957年7月的一天，他们聚在一起，在意大利凯西欧·迪·阿诺西亚（Cosio d'Arroscia）的一个小城坐了下来，抽着高卢烟，喝着苦艾酒，享受时光。尽管只是一个生命相对短暂的组织（到七十年代，大多数人已经完全忘记曾有过这个组织），他们却形成了一股新思潮，得到了一代学生、艺术家及进步分子的认可。

情境主义者宣称，有责任创造"永远有新意的生活"。他们只对自由感兴趣，认为任何寻求自由的方式都是合理正当的。普通人的创造力，尽管被消费资本主义削弱，但仍有一线生机，极其需要找到合理的表达方式。官僚主义、阶级主义及现有意识形态扼杀了人类的自发性和自由意志。对情境主义者来说，你是——每一个人都是——情境的创造者和表演艺术家。当然，你表演的，就是你的生活，是你个人的生活方式。在这种自发的生活中，人人都有绝技。情境主义者建议：关闭教堂，为孩子们腾出玩耍的空间；为路灯装上开关，[3] 这样公众就可以自行决定是否开灯了。

情境主义者相信，一天之中，每个人都有无数次机会站在生命的分叉口上。那时，我们只能有两个选择：要么普普通通，根据条件反射行事；要么做点冒险、疯狂，却是真实的事。是过"有道德的、诗意的、情色的，其至几乎由感性引领"[4] 的生活，还是要迎合消费者文化的需要，全看我们自己。

情境主义者常常说起现代社会的"景观（spectacle）"。[5] 这个术语囊括一切事物，从布告板，到艺术展，到足球比赛，到收音机，再到电视机。从广义上来说，它表示现代社会所有"景观"层面的商品消费及广告宣传。人类曾经亲身经历的每一件事，现在都变成由别人演绎的秀。真实生活被提前包装的经历和媒体创造的事件所取代。"直接"这种方式已经消失不见，剩下的，只有"媒介"——生活是以其他工具为中介展开，生活就像是由媒体创造。情境主义者使用"绑架"这个词语：景观"绑架"了真实生活，曾经拥有的真实，现在都得靠他人"指派"才能获得。

我想，上述思想有助于解释，为什么许多人对许多事情有强烈的本能反应。例如，耐克模仿披头士的语气说"革命"这个词；"苹果"公司挪用鲍勃·迪伦的歌曲；Gap 品牌打劫杰克·凯鲁亚克（在他死后）。"怀旧（Nostalgic）"，内心绞痛的雅皮士们或许不能准确读出这个单词，但是，他们知道，生命中有些最根本的部分，已经被偷走了。

由理查德·林克莱特（Richard Linklater）执导的电影《爱在黎明破晓时（Before Sunrise）》中，年轻男主角，由伊桑·霍克扮演，经历了一场存在危机：他突然烦死了自己的公司。每去一个派对，他在人群中看到自己；每乘一辆车、每上一门课……他都能碰到自己。对他来说，自己不知怎么也变成了一个"景观"。林克莱特在这部影片中把目光放在情境主义的深渊之中，发现这个深渊有点恐怖。为了解释这一切，情境主义领袖德波（Guy Debord）说，如果自我全靠代理，就不是真正的自我。这句话或许同样解释了，为什么顶级的消费目标群就是被称作"模仿器"的男男女女。"模仿器"们总是寻找那些可以让他们像另一个人的产品——另一个更重要的人。如果没有任何产品可以帮助你完全摆脱原来的身份，挫折感就会不断攀升。信用卡出现后，这种将自己不断异化的循环就变得更加严重了。（情境主义者或许会把模仿器们作为生活状态不断下滑的证明：从"存在"变成"拥有"，然后再从"拥有"变成"好像拥有"。）

德波这个空想家一直不怎么出名。他在生命的最后几年饱受嘲弄，1967年自杀身亡后却突然在法国被广受推崇，之后又渐渐被人淡忘。德波只在死后才享受了一丝丝名气，尤其在法国，那里有一群人把自己称作"垂线（Perpenduiculaies）"，将自己定位为情境主义的精神后代。他们认为，文化应当通过横向方式进行传播（即通过沙龙讨论一类的形式）而不是垂直传播（即通过电视或网络的形式）。

在某种程度上，与他同时代的知名学者马歇尔·麦克卢汉（Marshall Mcluhan）相比，德波更像精神环境学的先锋代表。因为麦克卢汉只描述了大众文化的迷惑现象，德波则找到了摆脱此困境的有效方法。方法之一叫做"dérive"，[6]其字面含义是"漂流"。这一思想来源于达达主义者。情境主义者将它定义为"无目标地移动"。[7]作为一位dériviste者，你在城市里漂移，对任何与你接触的人和事敞开怀抱，因而使自己暴露在每天无意中接触到的各类情感之中。"敞开怀抱"是关键。你会拥抱一切所爱。经过这一过程，就能发现哪些东西真正为你所爱，哪些东西其实为你所恨。

情境主义者相信，运用"dérive"的方法，人们就能改掉过去老式的"工作+娱乐"的生活方式，并为生活创造出有趣的新方式。[8]Dérive者，就是在漂流中寻求可能的人，而不是一位穷困潦倒，但又游离在社会之外，不满足于社会为我们定位的令人窒息的角色的人。活得精彩，德波说，就是要"系统地对社会的多样性及各项工作提出质疑，并对这个社会对幸福的定义展开全面的批评"。

情境主义者青睐的另一个词语是"Détournement"。[9]德波建议用这种方式将人们带离绑架人类生活的景观之中。这个词语的字面意思是"转身"，是指改变原有壮观的形象、环境、布景以及事件，使其含义完全颠覆，进而回收再利用，对其进行改造。从改写漫画人物台词，到拓宽街道、加高房屋、改变门窗的颜色和形状，再到彻底重新定义社会事件——如1965年洛杉矶华特暴动（watts riots），[10]《国际情境（Internationale Situationniste）》杂志带着人们无穷无尽的想法，于1958年至1969年间出版发售。它的内容时而深刻，时而荒谬，试图挑衅现状，实现Détournement。曾经，德波恶搞了一幅著名的列宁肖像，[11] 在列宁前额部分添加了一位赤裸着胸脯的女性肖像，标题为"宇宙在乳尖上改变"。德波曾用厚厚的砂纸装订他的作品《记忆（Mémoires）》，这样一来，如果这本书上架，它就能弄坏其他图书。最著名的一次Détournement事件发生在1950年复活节，地点是巴黎圣母院。在几千教众的注视下，一名字母国际组织的煽动分子身着修道士的服装，溜进圣坛。他首先布道指责天主教堂"用空洞的天堂转移生命本身的力量，这种行为是致命的"。然后庄严地宣布"上帝已死"。[12] 正是Détournement精神使情境主义者勇敢地入侵敌人的阵营，试图"重新定义现有景观的价值"。[13] 也正是带着这种蔑视与反抗，他们努力奋斗，试图展开新的文化革命并取得成功，这场革命能使"现有社会发生巨大改变。"[14]

情境主义者有一些非常超前的概念，如果你认真思考，就会发现这些概念很有道理。他们相信，例如假期，虽被普通大众把它看作"清晰思维的救星"因而异常珍惜，但实质上，它只是强制实施"异化和控制的循环体系"，象征着"现代社会的虚伪承诺"。（如果你生活富足，哪里还想要从中"逃离"？）新情境主义有一句标语令人难忘："地中海俱乐部（Club Med）之旅，在他人的悲惨之中度过的廉价假期。"

除去德波的《景观社会（The Society of Spectacle）》以外，《日常生活的革命（The Revolution of Everday Life）》一书也是情景主义运动催生的另一本重要作品。作者鲁尔·瓦纳格姆（Raul Vaneigem）在书中说，日常生活是一切事物的根本衡量标准，所有革命都应当以此为基础展开。但是，他也提出，不幸的是，对自觉意识的异化行动已经悄悄溜进了人们的生活。"即便最微小的姿态动作[15]——开门、拿茶杯、面部表情，以及最隐私最个性化的动作——回家、泡茶、和爱人吵架——都已经被他人代理，并通过景观展示出来。"因此，人类最私密的行为动作都已变成了陈词滥调，我们的生活也成了陈词滥调。但是，瓦纳格姆相信，"景观"正迅速接近饱和点，景观社会的危机将是"真实经历的新诗篇，生活的革新的春天即将到来。"[16]

今天，景观对人类的异化及破坏快速增长，已经到达瓦纳格姆和德波无法想象的程度。它那强大、隐伏的力量在于，它实际是一种精神奴役形式，虽然人类可以自由抵抗，但是我们从未那样做过。媒体饱和的后现代社会，所有的言论流向同一方向，不论其力量强大还是弱小，都能使一群破落户观众，使这群"现代男女——地球上最先进社会的公民——激动地观看媒体提供的任何节目"。[17]

格雷尔·马库斯（Greil Marcus）把这叫做"虚假欲望的民主"。景观是社会控制的工具，使人们幻想自己拥有无穷无尽的选择权。但事实上，它减少了人们的游戏场地，迫使人选择一些预定好的经历：冒险片、自然秀、名人恋情、政治丑闻、球类竞赛、网上冲浪……

在情境主义文学作品中，"无聊"被作为"最大的敌人"之一进行描述。情境主义者看见，世界正被浪费的潜能碾磨压碎。例如，大规模机械化的目的，本在于为人类创造大量休闲时光，使人类能够为自己创造自由、有想象力的生活。但事实上，大众的休闲时光被程序化的娱乐牢牢控制，越来越多的人不再能自行控制乐趣。情境主义者提供的解决方案是：取消各种"秀"。创造你自己的氛围、布景和情节，打造"临时性的、有生命的"[18]东西。举个例子，城市模式本具有一些可预测的特征，你可以把它当做一个个有情感的社会进行重新规划设计——"奇异"区、"阴险"区、"悲惨"区、"快乐"区、"有用"[19]区等，人们可以根据情感变化，搬进搬出。

谈到德波，不论我们想到什么——疯狂的理想主义或是极度偏激的思想，但他确实是一位说到做到的人。他为自己造就了无景观的生活（除了在生命的最后几年，因为病痛的折磨，他精心编排了一幕自杀的景观，用子弹穿透了心脏）。他不工作，一生在酒馆里度过，探讨哲学、饮酒、写作。他拒绝媒体访问，一生中只完成了六部薄薄的作品。"我比大多数写作的人写的少得多，却比大多数喝酒的人喝的多得多。"[20]他曾经谈论道。对他来说，生活就是永恒的节日，他非常信仰宿命——自己的，以及朋友的。"我们这种人的宿命，就是成为第一群为新生活开辟道路的人。"[21]他自夸自擂，并以此为傲。

情境主义时代的英雄无拘无束，他们信仰无政府主义，是纯净的器皿，用诗歌的语言表达自己，用某种方式活在时间之外。他们与我们这个时代被称作"工作狂"的人有着天壤之别。"工作狂"们求胜心切、野心勃勃。威尔士历史学家罗尔特（L.T.C. Rolt）在他的经典著作《高马无人骑（High Horse Riderless）》中描述到，这些人"信仰是高速列车，追求更多的交通工作。他们嘴里说着保护环境，实际上却是任意践踏环境；他们嘴里再三保证家庭高于一切，实际的所作所为却使家庭分崩离析；他们自认工作神圣无比，却不断制造失业率。所有一切源于这些人抛弃了人类的精神实质，没有勇气挑战真实，却必须努力工作，以求凌驾于其他竞争者之上。"[22]

认知心理学家亚伯拉罕·马斯洛（Abraham Maslow）谈到高峰体验（Peak experience）在生活中的重要性，认为它使生活的功能完整，或使人类"自我得以实现"。这种体验使人的感觉注意力高度集中，在这一瞬间、这一动作下，人类会感觉自己生活在时间之外。各学科对"高峰体验"的叫法各有不同。禅宗称其为satori，意为"心灵之顿悟"。"一代代诗人、先知、革命家，更别提情人、[23] 嗑药的人，所有这些不知怎么发现时间停滞的人" 都渴求这种与世界合二为一的令人狂喜的感觉。这也是许多文化干扰者每天向前一小步，用信念、勇气不断行动的原因。这些行动，能使他们在市场结构的意识形态外停留足够长的时间，尝到真正活着的滋味。活在当下、追求真实的姿态、活在社会边缘——随你怎么称呼——只有真实，才是让生活充满意义的动力。但是"真实"，也正是消费者资本主义，在每一次向你兜售某品牌的"酷"，或在兜售某月的叛逆态度时，从你身边夺走的东西。

我曾在日本拍摄过一部电影，名字叫做"右皮层的三托历（编注：Satori，（日）心灵之顿悟，日本佛教禅字用语。）"。当时，我询问一位禅宗大师镰仓，是否能拍摄一组门徒冥想时的镜头。他说，可以，但是，在此之前，"你"必须冥想。他所说的冥想，不是印度教那种迅速可以完成的"合十礼"，或是念一两句经文，而是定定地坐上两天。我接受了他的挑战。我坐在地上，开始冥想，然后背部开始僵硬，关节疼痛，肌肉痉挛。那简直是一次身体和心理的双重折磨——一次我永不会忘记的地狱之行。但是，到第二天冥想结束时，什么东西真的发生了改变。大师强行打断了我一向柔和的常规日程，增加了一次痛苦的经历，我谦卑地接受，心怀感激，并在几个小时之后，变得神清气爽。或许，只有当你真正被塞进一种新的行为模式，并承诺决不中途撤退后——只有当你把手放到烈火之上，或是伸入烈火之中时——真正的收获才会如期而至。恍惚的状态一旦被打断，你就能够轻松瞥见生活本应有的诱人的模样。

上述这一切与革命及文化干扰运动有关系吗？当然有。打断茫然、舒适的生活模式并非易事，也非快事。这种感觉就像在十二月的凌晨五点，从黝黑房间里的温暖的被窝爬起来，猛地站在冰水下一样。它冲击着旧体制，但有的时候，冲击正是一个体制需要的。它正是我们这个膨胀的、自私的消费者文化需要的。

从根本上来讲，文化干扰，是一种比喻说法，比喻使景观洪流停止足够长的时间以调整人的行为。要想停止这股洪流，需要依靠惊喜。这就是为何面对你无害的疑问，禅宗大师会突然把你扔进一堆隐秘、不合适、甚至淫秽的答案之中的原因。他回答问题的方式，或许是脱下他的鞋，然后把鞋顶在头上，或扔到你的脸上，要么就是告诉你，如果在路上碰见菩萨就立刻杀死他。禅宗大师旨在打破你恍恍惚惚的精神状态。他向你展示了一条通向瀑布的新道路。德波把这称作"打破旧的秩序"，然后用新的秩序取代它。新的秩序带来"生存于世界之中的全新方法。"

这种知觉的转变到来时，你会感觉如何？想象一下，一个绝望潦倒的灵魂突然找到了上帝，然后，反过来再想象一下。这一刻，与其说像一个以为身处地狱的人突然看见了天堂，不如说它像一个以为身处天堂的人突然看见了地狱。你以为的天堂般的世界里，是一个充满了暑期大片、五美元一杯的拿铁咖啡，以及橄榄球超级杯比赛的世界。在这个世界里，一个三十秒钟的广告镜头，售价一百五十万美元。这是一个充满美国梦的华丽世界。你生于斯长于斯，认为这是世界上最棒的世界。可是，这个世界禁不起详细审查，详审之下必定崩塌。如果你盯着镜子中的自己，看上一段时间，你的脸就会变成怪物的脸，像滴水嘴兽一般的巨大眼睛深深地陷进了眼窝。

在1998年上映的电影《楚门的世界（The Truman Show）》中，一个公司在主人公楚门出生时收养了他，随后将他的生活制作成了一部直播节目，二十四小时全天播放。公司小心翼翼地把一连串的植入式广告和印象管理编写进楚门的生活中。唯一让楚门对这种编排好的生活感到不安的时候，令他无意瞥见幕布之外的现实世界的时候，就是他偶尔凭感觉做事的时候。慢慢地，楚门意识到，只有不断地凭感觉行事，他才能获得救赎。文化干扰者正是因为类似的紧迫感，希望能做些什么——做任何事——逃离消费主义编好的剧本。

佛教讲的就是佛主教化愚众的故事。起初，佛主是个心宽体胖、生活富足的王子。偶然间，他在花园散步时，从皇宫院墙上的缝隙间，看到了那个充满折磨、痛苦和疾病的世界。虽然后来被人带离了那个地方，他的所见却令他困惑不已。最终，佛主决定离开皇宫，在真实世界中生活。从佛主的故事中，文化干扰者可以学到，如何使第一世界国家，从媒体消费主义的迷糊状态中摆脱出来。每一次通过自发的、个人行为或任何针对大众媒体的Détournement行为，打断图像信息洪流，都像佛主从宫墙上的一瞥。随着时间的流逝，例如五年或十年的时间，这样的一瞥又一瞥不断累积，最终会让人看见宫墙之外真实世界的全貌。

情境主义者相信，如果能有足够多的人在看见那一抹光后，立即采取本能的行动，大众将迎来集体苏醒，而后必定突然贬低当前各类景观的价值。"Détournement的正确符号，如果出现在正确的时间、正确的地点，[24] 将激发大众视角的巨大逆转。"格雷尔·马库斯说。突然之间，景观会暴露出空洞的本质，所有人都能透过它看到真相。

符咒就是这样被打破的。革命就是这样开始的：一小撮人首先溜出了旧的生活模式，做白日梦，提出质疑，离经叛道；然后，情境主义者们相信，自然而然地，越来越多的人会像海啸一般加入，支持这个新的存在方式，并被赋予"没有历史阻碍"的新手势。新一代人，情境主义者相信："能把事情做得四平八稳，不留漏洞。"[25]

到了今天，情境主义者的话语仍旧萦绕在我们心头。景观社会已经获得了全面胜利。美国梦已经完全演变成挂在嘴巴的空洞话语——只需进行严密的检查，就能扰乱那种"愿你有美好的一天"一类的幸福感。如果你保持外貌不变，不断寻找新的收获和娱乐方式，精通"药理"，在缝隙中找到隐藏的真实生活，并不断回顾那一时刻，你会没事的。

一些梦想。

如果老式的美国梦在于追求繁荣与成功，或许，新的美国梦就是寻找自然与自觉。

情境主义者坚信，普通人拥有革命所需的一切器具。他们唯一缺少的，就是知觉的转移，是对新生活方式难以自持的一瞥。只要轻轻一瞥，一切都会立刻变得清晰可见。

强迫症　男性

新行动主义（胸中的火苗）

（The New Activism）

　　或许，你已经是一位文化干扰者。你也许是一位学生，不想为美国这个大公司工作。你也许是一位画家，厌倦了为广告公司出售灵魂的行为。你也许是一位素食主义者，一位倡导骑自行车的人，一位特立独行的教授，一位"地球优先（Earth Firster）"的环保团体成员，昨晚刚刚做了一次环保宣传。

　　我们，文化干扰者，是一个松散的全球性网络，其成员包括艺术家、活动家、环保主义者、绿色企业家、精通媒体的教师、追求简朴生活的回游者、新生左翼力量、高中的"坏"学生、校园里的演说家、辍学学生、积习难改的人、诗人、哲学家、生态保护妇女组织成员。我们来自社会各个阶层，有冷静聪明的知识分子中产阶级，也有暴力的极端分子；愤怒的奶奶们（译注：由一些上了年纪的女性组成的环保组织）的成员——抗议时高唱打油诗歌；也有城市游击队员（urban guerrillas）——在街道上展开疯狂"派对"。我们是生态经济学家，是电视干扰者，是道德投资人。我们自己粉刷自行车道，改造街道，在CK广告上喷上骷髅头，在麦当劳的餐桌和托盘上糊上"GREASE（油脂）"字样的标签。我们组织旧物交易会，重新排列超市货架上的商品。我们在网络上免费提供软件。一般说来，文化干扰者的日常工作是，让消费者文化自己咬自己的尾巴。我们是理想主义者、无政府主义者，游击战术家、骗子、恶作剧的人、新勒德分子（neo-Luddites）、不满现状的人、朋克族。我们是对立文化的残留部众。这种对立文化，是在疲惫的"后现代社会的盛世之末"[26]革命冲动的残留物，尽管据说

"后现代社会"不再有革命的可能性。我们共有的，是对消费者资本主义的滔天怒火，以及一种模糊的观感，那就是，我们的时代就是革命的时代。

从最简单的层面上讲，我们是一个日益壮大的队伍，队伍中的每一个都已放弃对美国梦的期待。以下几个例子用以说明我们思考的方式：

不要再把植物人一般，由公司驱动的电视文化当做温和讥讽，嘲弄的对象。现在，是时候直面这个丑陋的幽灵——它代表对电视上瘾的整个国家；是时候直面野蛮混乱的社会——这个社会整日恍恍惚惚，深陷困顿，活在谎言之中；是时候承认，习惯性打开电视已成为北美地区头号精神疾病；是时候承认，这个公民每天花去四分之一以上的非睡眠时间坐在电视机前的社会，急需使用"冲击"疗法。

我们对啤酒罐、报纸、伏特加酒瓶进行回收再利用；我们加入"汽车合用组织"及"食品合作社"；我们晚上关掉恒温器。我们做所有对的事。那么，为什么生态环境仍在持续恶化呢？或许，是时候停止将能量用在小的"空想改良"行动之上，直面真相，即，生活中的许多范例——文化的、社会的、经济的——已经过时并丧失了应有的功能。大多数的环保"解决办法"都只是些转移注意力的方法，它们使人们的精力偏离轨道，没有用在手边迫在眉睫的重要工作上。我们需要的，不只是马路上少开几辆车，而是重新设计的城市。新的城市设计能够考虑到行人、自行车及公共交通的需求。我们需要的，不只是环保产品，而是新的消费模式和新的生活方式。我们需要的，不只是征收"烟尘排放税"，而是建立全球通用的定价系统，让人明白生态环境的真相。我们需要的，不只是比GDP更加精确的经济增长度量方式，而是彻底地重新思考过去几代人在大学一年级经济课堂上学习的新古典主义模式。

我们的社会，充满了杰出个人、富裕社区、高效商业、一流大学以及顶级城市。但这还不够。"杰出"的概念必须适用于"整个"文化。我们从不畏惧对生活中的破碎体系采取严厉打击；我们约束工作者、急切彻底地改造整个公司文化，就像IBM公司在迷失使命感之后进行的改造一样。现在，让我们带着同样的使命感和紧迫感，迅速修复我们的文化。

让我们重新认识我们的致命敌人——信息传递系统以及在营养、交通、经济等方面的基本观点。让我们担起责任，完全地、热情地减少生态占用，学会准确衡量"进步"，学习如何面对泛滥的信息病毒。让我们不再抵制这种根本的转变，而是拥抱它。让我们为文化反叛运动加油鼓劲儿，尽管心存恐惧。让我们纵情于（或者至少不要羞于）用自己的生活方式和死亡。

但是，究竟文化干扰者代表了什么？如何更加精确地定义我们？我们要什么？或许，解释及定义我们的最佳方式是：了解我们不是谁，我们不是什么。

我们不"酷"

"酷"原指独特、自发地吸引他人注意。最酷的孩子就是人人都想模仿，但很难真正模仿的那个人，因为她的个性与他人迥然不同。然而现在，"酷"的定义发生了改变。市场营销人员控制并颠覆了它的含义。现在，如果你与众相同，如果你的模样和感觉都同美国牌上的标记一样，明确无误，你就很酷。宝美奇 (Paul Mitchell)美发、Gap卡其裤、宝马（BMW）车、耐克的态度、喜剧明星莱特曼式的口头禅、名嘴比尔·马赫的政治观。"酷"是我们这个时代的鸦片。几代人间，我们慢慢地成长，变成必须依靠"酷"保持内涵的人。

真正酷的人本能地明白，从属心理状态——即受到他人共有事物的引诱，其实就是一种鸡屁股一般的生活方式。但在今天，这样的人几乎已经濒临灭绝了。

现在的酷是什么？还是老样子：叛逆就是酷。但是，许多自以为叛逆的人其实并不叛逆。 这其实是"文化托拉斯"玩的一场把戏。他们为大众提供，如《阻击者（The Baffler）》杂志编辑汤姆·弗兰克所说的一样，"新设施的同时，又为其提供阻力"。[27]我们以为正为无政府状况买单，其实买到手的只是公司构建的同一性。我们购买标志"叛逆"的模版，而不是创造属于自己的叛逆。

让我们直面真相：盛装打扮、极速飙车、点一瓶卡百内红葡萄酒（其单价高于新英格兰地区人均每周的消费支出），你做的这一切，不过是为了炫耀。而且，如哈佛经济学家朱丽叶·朔尔（Juliet Schor）[28]在《超支的美国（The Overspent American）》一书中所指的那样，这样的炫耀，从根本上讲，是一种政治行为。

越来越多的人对贫富之间的鸿沟感到不满。招摇过市、四处撒钱仅仅只能引起他人对这种贫富差距的关注，帮助你显摆自己的优越地位。说到底，这是一种麻木不仁、不人道的、揭人伤疤的傲慢行径。

"不平等主义""排他性"，这些不是酷的表现。第一世界国家的富裕不是酷的表现。不停地大肆宣传，使人们不断消费的文化不是酷的表现。美国^{TM}不是酷的表现。至于深陷宣传炒作之中不可自拔的人，才不是最不酷的人：他们只是嗷嗷待哺的小奶娃。

我们不是懒虫

出生在1965年至1980年间的北美人，用加拿大作家霍尔·尼兹维奇（Hal Niedzviecki）[29]的新造词来说，叫做"心神不宁的一代人"。他们似乎放弃了希望，认为任何好事都不可能落到这个叫做"地球"的地盘上。如果把这代人看作一个群体，这个群体代表着我们这个时代最大的浪费：潜能量、热情、创造力、智慧的浪费。虽说群体中也有例外，也有取得伟大成就的人，但这些例外恰好证明了这一规律。这代人如果生活在原始社会，一定能完成许多部落的工作，但在现实中，他们自动自发地从集体劳作中脱离出来，因为……嘿！集体劳作又有什么意义？懒虫们整日在冷漠的磨刀石上打磨他们的讥讽嘲弄。在对"克雷福晚餐"(Kraft Dinner)的意义展开哲学讨论，他们突然灵机一动，发行了《A.d.i.d.a.s》之类的电子杂志。Adidas本意是阿迪达斯品牌，在这里代表All Day I Dream About Suicide（我成日梦想自杀）。对懒虫们来说，最严重的罪行就是承认对任一事件负责，因为一旦承担责任，你就会变得认真起来，而"认真"可一点儿也不具有讽刺意味。"认真"不"酷"。因此，最好还是顺水漂流到圣塔莫尼卡（美国加利福尼亚州西南部城市），"坐在海边，欣赏世界末日"。

同时，在美国校园里——这个最大的休息室、传统意义上爆发进步游行的地方——一切都很平静。正当世界上其他国家的大学生为了反腐败反不公正不断抗争时，正当这些学生用行动震动国家的时候，北美的大学生们，却在图书馆里昏昏欲睡。他们不急着完成学业，因为毕业之后，他们将要面临的也不过是债务，找工作的压力，又或者是像回力棒一般狼狈返家的羞愧。

"心神不宁的一代"明白，现代人都是消费者文化中上当受骗的人。他们什么都明白，只是不愿意做任何事情改变现状。这就是我对他们失去耐心的原因。也正因如此，我对他们有着难以抑制的愤怒之情。"生活真该死"！没错。那就一点一点地修理它。在如此利害攸关的时刻，你怎能如此自满？如此扬扬得意？

我们不是学者

为何我们会困惑不已？迟疑不决？我们的心神不宁、玩世不恭究竟从哪儿来？富足的西方究竟出了什么问题？为了解决这些问题，人们做了大量研究。在学术期刊和电视研讨会上，科学家和权威人士给出了无数理论和解释。他们研究了问题的心理、生理尺度，把底牌全部亮在桌面上。心境障碍患者日益增多，男性精子数量日益减少。这一切均源于化学药品的大量使用，因为它污染了空气、水和食物。但是，科学家们也警告我们，不要混淆各问题之间的因果关系，急于得出结论。要想完全理解近来的这些现象，还有待进一步研究，需要更多的试验，更多的资金支持。地球升温是因为汽车排放过多碳到大气之中，但是对此，我们也不要过于警惕。在得出确切的结论以前，我们还需进一步研究。有研究表明，柴油机废气的排放和哮喘病的产生有一定关联，惯性电视上瘾与整日渴睡的现象有一定关系。但所有结论都需要严肃的调研。我们这个社会的许多方面，都存在这样那样的不足，女士们先生们，现在请看图表的展示吧。

研究护城河的学者四处漫步打转，却极少有人举起拳头或发出声音。通信学教授告诉学生，全球媒体垄断是完全错误的做法，却对改进的方法只字不提。经济学教授不停地对着宏观经济模式唠唠叨叨，而在现实世界中，人们却只能依靠自然资产过活，不断消耗后代赖以为生的资源。

在富裕的西方国家，我们这些苏格拉底、柏拉图、帕斯卡、笛卡尔、黑格尔、尼采、马克思、维特根斯坦的孩子，现在几乎完全靠左脑生活。西方文化的代表人物，都是逻辑狂人：宏观经济学家、生物技术家、投资专家、电脑奇才以及冷静的思想者。我们的思维模式呈两极分化——黑与白、好与坏、对与错、天堂与地狱、1与0——我们的文化，就是《麦克劳林团体（Mclaughlin Group）》这类电视节目的文化。我们光说不做。为什么要做呢？为什么在本星球上过着最最舒适生活的人类需要改变？为什么我们非得毁掉闲适的工作，而不是整天假装思考，不停分析？为什么不做好准备，迎接高薪或高额咨询费滚进我们的钱包呢？

上千名代表"突袭"了里约、京都和纽约，这些人来此参加地球高峰会议（the Earth Summit），随之而来的，还有成吨的垃圾和废气。代表们发表了强有力的陈述，作了大量报告。他们享受当地特色美食、享受丰盛的晚餐。但是，一切都未改变。

非专家们——那些理智的普通人——对所有的犹豫不决，厌恶不已，他们已经找到了解决的办法。他们能够回答政客们不愿回答的问题：飓风、洪水，这些信号告诉我们，生态环境急需重组；圣诞季的机械消费该如何解决；孩子们的表达能力下降，是因为他们连续三小时坐在电视机前。

阿比·霍夫曼（Abbie Hoffman）了解到学者和专家们忙于分析研究"颠覆活动（subversive activity）"，他不客气地骂道："你们这群家伙，他妈的究竟都在分析什么？来吧，动手试试，你就知道自己几斤几两了！"爱德华·艾比（Edward Abbey）的话也是一针见血，他说："无行动的情绪就是毁灭灵魂。"

我们不是女权主义者

我还清楚地记得，六七十年代的女权主义者是多么的热情、兴奋和愤怒，她们改变了我们生活的方方面面。我更清晰地记得，她们曾给我这一代人怎样的希望和方向。

但是，或许正因为这场运动意外地相对成功，女权主义成为了一种"意识形态"，成为卡在其他领域的奇怪的不相干的"主义"，它过多地关注自己的特权利益，逐渐分化并与其本意相悖。我在十年前就知道，女权主义遇到了麻烦，当时我在温哥华西蒙弗雷泽大学某收容中心的走廊里，看到一面"限女性"的标牌。对微小的、自私的问题的不间断的关注，使这场运动偏离了本来的方向，人们不再把注意力放在更广阔的问题上，不再把我们的文化看做一个整体并找出根本错误。今天，我在各类会议、头脑风暴培训、以及作为《广告克星》杂志的工作中，见到许多女权主义者。对于他们来说，任何事件都自动被浓缩为较温和的问题。我对这种行为可不买账。

女权主义手中握有大量的知识分子。我相信，它仍会继续扮演重要角色，软化男性对科学、医学及哲学领域的绝对控制，发扬整体主义，推动人类与自然世界建立更加亲密的关系。近来，包括苏茜·嘉贝丽克（Suzi Gablik）、唐娜·哈洛威（Donna Haraway）、莎蒂·普兰特（Sadie Plant）在内的几位生态女权主义者及网络女权主义者（cyberfeminist）大胆地提出了深刻的见解。这些见解令我惊讶，让我愉悦，使我回想起了过去的光辉岁月。或许，他们，以及和他们一样的其他人，将从当前聚精会神的女权政治中脱颖而出，解开束缚，为全世界带来新一波的文化热潮。但是，总体说来，今天的女权主义已不再是一个有着广泛基础的社会运动，它只是许多特殊"受害者"群体中的一个，其存在价值，只是为了争夺一点点金钱和活动。

我们不是左翼分子

许多文化干扰者，包括我，都在左翼思想中长大，我们拥抱它，愉悦地身处其间。但在近来的十五年间，左翼思想让我们失望透顶，它变得疲惫不堪、自我满足、教条主义。我想起了艾伦·金斯伯格（Allen Ginsberg），他的母亲过分单纯的左翼思想，使他对左右两种思想都产生了怀疑。回到五六十年代，左翼分子富有见识、勇敢无畏。今天，他们胸中的火焰已然熄灭，他们的理想也没有实现。

出了什么事儿？

诚然，苏联帝国的崩塌破坏了左翼势力的整个哲学根基。政府控制、中央计划、公有制（引申开来，包括福利制度及社会民主），表现出其本质上的瑕疵。今天，各个国家都在清除这种意识形态的残留物，采用了自由市场哲学体系。这种哲学同样有着严重缺陷，但对经济生活的方方面面来讲，它远比中央集权的政府控制好得多。当我看到社会主义时代留下的大规模生态破坏之后，从那一刻起，我不再把自己归于左翼分子的行列。

旧的左翼势力早已死去。

我们看到，在《琼斯母亲（Mother Jones）》《民族报（The Nation）》《Z》《跨国监测（the Multinational Monitor）》以及几十本具有左翼思潮的书籍、杂志和新闻通讯中，同样的一批作者仍在重复与过去旧时光相同的旧思想。这些作者中不乏优秀的记者，他们对时事也有着准确的把握，唯一的问题在于，他们缺乏热情。他们没有生气、缺乏新奇，觉得自己就像失败者。（这让我想起了住在东京的日本朋友。1970年，日本经济的奇迹达到了顶峰。当时，我向他们展示了一幅耶稣基督被钉在十字架的照片，他们头碰头凑在一起，不停地发出惊叹。他们："神不可能是这样，他看起来更像个失败者而不是神。"）

每一年，索诺马州立大学(Sonoma State University)都会公布本年度十大被审查的报道（这个榜单也会在加拿大公布），但是"新闻查禁榜（Project Censored）"的呐喊每每无疾而终，因为每年榜单上列出的受审报道读起来都像另一个意识形态的愿望清单。二十五年前，拉尔夫·纳德（Ralph Nader）的攻击者在大学建立了美国公共利益研究集团（PIRG），今天，它仍在其老旧议程的疲惫的汽船上咔咔作响，但是，当年最英勇的战斗早已离它远去。左翼思想中许多最为鼓舞人心的声音——拉斯奇（Lasch）、伯杰（Berger）、海尔布鲁诺（Heilbroner）、加尔布雷斯（Galbraith）——这些人早已死去或行将就木。这段空白现已由终身教授、电视专家和对立文化固步自封的老大们填补。我跟他们中的许多人打过交道，这些人不再渴望真正的改变。对他们来说，根本的转变就是一个乌托邦的梦。就算这种转变突然变成现实，他们也不知如何应对。他们满足于在一场又一场的学术交流会上做演讲，或是写一篇一点也不幽默的文章打趣过去的右翼分子。左翼活动家，甚至包括最棒的几位，水平已经大幅下滑，就连孩童们也会朝他们开过的车上扔雪球。

著名的《哈帕（Harper）》杂志编辑刘易斯·拉普曼（Lewis Lapham），是一位资深的自由主义左翼人士。每个月，他都会对美国的道德状况给予热情的，并且常常是雄辩的剖析。但是，因为他允许在自己的杂志上登载香烟广告，《广告克星》杂志向他发出了挑战，质疑他的道德底线，这时，他坚持拒绝加入这场辩论。许多年来，他小心翼翼地躲避我们的信件、电话及恳求，一直和我们在媒体上玩猫和老鼠的游戏。他不能勇敢地面对自家地盘上的道德侮辱。

自由主义左翼力量吸收有价值的新成员。在过去的几十年中，它在黑人运动、妇女解放运动以及环保运动中竖起旗帜。它推动了过去半个世纪以来每一次主要斗争及社会抗议活动。但是，左翼势力不再向"问题"宣战，它就是问题之所在。如果我们希望开展一场有效的全新社会运动，那么，我们将不再与他们合作，而是围绕他们展开工作。

欢乐牌（Joy）

我们这个时代的关键问题既不是左翼右翼的问题，也不是男性女性的问题，也不是黑人白人的问题。新千年的活动家面临的挑战，是找到勇气，放开所有旧式的正统观点、主义和所谓神圣不可侵犯的东西，是全心全意投身于"对所有存在的事物展开残酷的批判"。然后，更大的挑战就会到来，那就是，把革命的觉悟和主义带回现代社会中，站出来，大声宣布，就像大约三十年前的巴黎叛军说的一样，"我们要击沉这个世界！"

Life/生活，Spirit/精神，Joy/乐，Freedom/自由

文化基因之战 [30]

（The Meme Wars）

"Meme" [31]（与"梦想dream"这个单词同韵），是指信息的集合，它包括时尚的、哲学的、政治的标语、理念、语调和概念，这样的集合可以在大脑与大脑之间跳跃。Memes为了不断复制展开竞争，就像基因在种族之间的传递一样，在人与人之间进行传播。有效的Memes能够转换思想、改变行为、催化集体的思维转变以及变换文化。正因为如此，争夺Meme的战役，[32]就是我们这个信息时代的地域政治战。谁拥有了Meme，谁就拥有权力。

活动家组织静坐、大规模抗议活动，同疯狂的警察展开强有力的战斗，但是这些行动至多在晚间新闻中一晃而过，对改变世界起不到任何作用。他们都是半衰期的镭，放射性不大。真正的行动，那些重要的行动，能够改变联盟、撼动政权、赢得（或输掉）竞选、迫使公司企业重新思考自己的议程。那些行动，现在在你的大脑中展开。

下一次革命——第三次世界大战——将会，如马歇尔·麦克卢汉（Marshall Mcluhan）预言的那样，是一场"游击信息战"，[33]它不在空中或地面展开，不在森林或海洋展开，而在报纸杂志、电台电视、和网络空间中展开。它将是一场无拘无束的宣传之战，目的是讨论世界观以及改变未来的方法。

文化干扰者能为自己及整个星球赢得这场战役。方法如下：

建立自己的Meme工厂，生产更好的产品，用公司自己的游戏规则打败它们。我们定义"宏观meme"(macromemes)和"变化meme"（metamemes）两种观点，它们是未来世界赖以持续的不可或缺的核心思想，然后，运用它们进行部署。

以下是文化干扰者目前制造的最强大的五条变化Meme武器：

真实成本：未来的全球市场上所有出售的产品，将标明其真实的生态成本。

逆营销：营销公司兜了一大圈，现在回到了原点。是时候"不卖"产品了，用营销本身强大得难以置信的力量打击营销。

世界末日的Meme：全球经济是一个制造世界末日的机器，它必须停止，重新编程。

公司不是"人"：公司不是拥有宪法规定的权利和自由的法律意义上的人，而是由人类创造并受到人类控制的法律的虚拟存在。

媒体纸牌：每个人都有"交流的权利"——有权透过任何媒体接收或传递信息。

如果有哪怕10%的北美人相信并支持其中的一条观点，一切将会怎样？答案是：生活将会改变。变化Meme已经做好准备，迎接它的黄金时段。这个思想将打破现有的模式范例，迅速捕获公众的想象力，成为绝妙的奇观。这场战争的效应，不亚于原子弹的爆发。它会调和原有的不协调的认识，为其带来高度有效的秩序。它促使人们摆脱惯性模式，推动社会勇敢地朝新的方向前进。

社会活动家上一次利用电视，铺天盖地地宣传他们的思想后，取得了巨大的成功。这里，我指的是烟草战。据记载，它始于二十世纪六十年代，大约在新千年交替时结束。此次运动的结果是，烟草巨人们最终轰然倒下，转而听命行事。烟草战是第一次，也是迄今为止的最后一次，"反烟广告"与"产品广告"的对决，这场对决是一次开放的文化对决，其根基是各种观点得以表达的自由市场。

相关人士耗资数十亿，抵抗禁烟游说。但是，1969年，禁烟斗士通过坚持不懈的努力，不停地施压，终于保障了播放禁烟广告的电视电台时段，与那时法律仍允许在电视上播出的香烟广告抗衡。

至今，这些广告仍在我的记忆中活灵活现，有香烟烟头的超近距离特写，有透光不均的肺部X光片。我想起尤·伯连纳（Yul Brynner），在忍受肺癌的长期折磨之后，在这个世界上最后一幕创造性的演出。

AUTOSAURUS
30-SECOND TV SPOT

a message from Greenpeace

A woman's hand sensually caresses a shiny new car.

Suddenly, the car morphs into an Autosaurus, a terrifying robotic dinosaur, made of hulks of old cars.

Voice: "It's coming, it's coming . . . the most significant event in automotive history . . . the end of the age of the automobile."

The Autosaurus screeches and collapses into a heap.

IMAGINE A WORLD WITH LESS CARS

www.adbusters.org

Voice:
"Imagine a world with less cars."

MEME WARFARE TONIGHT 1-800-663-1243

"汽车龙"（30秒电视预告）
（来自"绿色和平组织"的信息）女性的手温柔呵护闪闪发光的新车

突然，废旧汽车变形组合为"汽车龙"，一条恐怖的机器恐龙
配音："它来了，它来了……汽车时代史上最重要的事件……汽车时代的终结。"
　　　"汽车龙"痛苦尖叫，变成一堆废铁
想象：这个世界没有多少汽车
今夜的文化基因战，1-800-663-1243

他在死前连续数月走上电视，诚挚的双眼凝视着世界，说："做什么都行，不要吸烟。"那个Meme将香烟与死亡紧紧地联系到一起。每一位看过这段视频的人都知道，他说的是事实。那些反烟广告帮助我以及成千上万烟民戒了烟。更重要的是，这些广告向我们证明，即使面对拥有数十亿美元的香烟联盟，在思想的自由市场上，我们仍可以打败对手。

禁烟文化碾碎了吸烟文化。即使动用全部财力，烟草行业也不能与之竞争，因为它已经丧失了对大众心理的束缚，它丧失了魔力。吸烟不再是一件酷事儿，无论公关人士用多少钱，也买不回它的"酷"了。1971年，烟草公司"自愿"接收联邦政府的禁令，不再在电视及电台上播放香烟广告，从此之后，它们的广告，再也没有在媒体上出现过。

对于禁烟游说团队，即早期的文化干扰者来说，通过电视打击敌人是战略的关键。这场胜利使后来的二十年内社会发生巨大的转变，原本日益增加的吸烟人口被赶出了圣庙。

今天，新一代文化干扰者被那场胜利所鼓舞。如果强大的烟草公司，面对电视活动家精心谋划的攻击也能脆弱不堪，那么，肯定的，针对其他功能不良的行业进行同样的颠覆性努力，成功一定能再次重演。

现在，文化干扰者们集结起来，计划在生活的其他领域重演香烟的故事。我们将在信息自由的环境中，对全球汽车制造商、化工企业、食品行业、时尚业界以及流行文化市场展开行动。相信我们一定能够创造新的品牌，在Meme战争中打败"美国™"。与二十五年前相比，我们组织更严密，行事更机智。我喜欢我们的奇招妙术。

```
Culture Jammer's Manifesto

We will take on the
archetypal mind polluters
and beat them at their
own game.

We will uncool their
billion-dollar brands
with uncommercials
on TV, subvertisements
in magazines and anti-ads
right next to theirs in
the urban landscape.

We will seize control of
the roles and functions
that corporations play
in our lives and set new
agendas in their industries.

We will jam the pop-culture
marketeers and bring their
image factory to a sudden,
shuddering halt.

On the rubble of the old
culture, we will build a new
one with a non-commercial
heart and soul.
```

文化干扰者宣言
我们将利用思维污染者，以其人之道还治其人之身
我们将利用非商业电视广告，淡化品牌的时尚效应，在杂志上刊登"恶搞广告"，
在原广告旁边张贴反广告
我们将掌握公司在人们生活中扮演的角色，为行业制订新规则
我们将干扰流行文化营销商，奋力一击，让它们永无翻身之日
在旧文化的废墟上，我们将建立新文化，拥抱非商业的灵魂

文化基因斗士

（The Meme Warrior）

　　下一次，如果你特别有心情来一次灵魂的对话，问自己一个简单的问题：如果我不断用激烈的方式，支持我信仰的东西，它能为我带来什么？我的信仰坚定吗？假如有的时候，某些事做起来不好，不周全，也不理性，但我就是要做，因为我感觉这么做是对的——如果真做了会怎样？我要拿起剪刀，把信用卡剪成两半；我要当着玩具反斗城的营业员，把卖的那个小小的玩具，从大大的包装里取出来，然后把纯属浪费的包装盒留在柜台上；下次在银行排长龙时，我要快乐地大叫："嘿！要不再开一个柜台！"

　　直接行动是个人独立的宣言。它第一次发生时，是在你的自我意识和难以忍耐的交叉路口上。你采取行动，猛地把自己推向前，然后就可以放松心情，不急不躁地应对一切。你的内心世界突然生动起来，就像一只潜行中的猫：鲜活、警戒、仍有一丝野性。

　　同巨人摔跤很有趣。把诸如麦当劳、耐克或是CK一类的大型企业摔倒在地，同样令人兴奋。具体方法是，反向利用它们的图标和宣传炒作，运用杠杆原理，影响这些公司历经数年苦心经营的品牌效应。与全球汽车制造商一类的卡特尔企业联盟对战，努力使其质疑自己的指令，将是一次绝妙的体验。天赋人权，我们将努力迫使诸如新古典经济学一类的学术体系重新思考自己的原理。

　　不论是哪一场战役，反抗者都将准确定位，承担风险，验证理论。文化干扰者将不断制订新的战略对策，打响Meme之战。以下是我们迄今为止总结的部分战略对策：

杠杆点

几乎所有社会问题，无论看似多么棘手，只要有足够的时间，在详细审查和不断努力下，总能得到解决。你总能找到缝隙，塞进撬棍，把它翘起来，这个点就是杠杆点。只要你在此施压，meme就能开始复制，思维就能开始转变，假以时日，整个文化都能随之改变。

系统分析人员——包括《增长的极限(Limits to Growth)》[34]一书的作者多雷娜·米锋丝(Donella Meadows)——总爱讲一个故事，用以描述如何将一个微小的行动作用于系统的杠杆点，然后改变整个世界。一个住房合作社负责人因为她的房客愈发沮丧。[35]无论她怎么提醒，怎么纠缠，无论她开多少次会，无论她的建议有多大的帮助，房客们始终对降低用电量的要求不予理会。最后，她突然想到一个主意：如果把电表从地下室迁到正门的某个显眼的位置，让房客们进进出出的时候看到飞速转动的电表，效果会如何呢？

电表搬了家。瞧！几个星期之后，用电量下降了30%。

这个故事启发了文化干扰者，它提醒了我们，文化干扰运动的全部内容在于：找到杠杆点。东西出了问题，我们能够修好它，关键是需要用一种全新的方式进行修理。"我们不仅需要作参量的调整，不仅需要加强或弱化某个已知的环路，"米锋丝说，"还需找到全新的环路，把成果送到之前从未到达过的地方。"

怎样才能让社会减少私家车的数量？鼓励人们多骑自行车；组织"骑车上班周"活动；为住在郊区但骑车上班的员工奖励公车月票。这些行为都对解决该问题有所帮助。但是，杠杆点或许在于：弱化私家车文化的核心仪式——INDY 500赛车比赛，让这样的比赛不再"酷"。我们已经让露天表演不再酷，INDY比赛为什么不呢？上述二者，都将成为过去那个纪元的遗迹。

还有许多别的例子。当大众受到时尚的控制时，你可以给某个时尚广告"画上骷髅"，可以组织全国范围的"抨击时尚周"，你可以把人带到旧货店。但是，如果能把注意力放在某个时尚大咖的身上——建议"卡尔文·克莱恩（Calvin Klein）"——并且努力使他的方针和标志失去酷感，然后，你或许就能找到改变整个行业的杠杆点。如果活动家的努力能够诱使CK的销量下降哪怕几个百分点，那我们就可以说，转盘开始转向了。

如果你集思广益，就能轻松找到杠杆点并以此为武器，展开大规模行动。为什么不在电视上与垃圾食品产业短兵相接？为什么不对那些拒绝播映你的广告的电视广播公司提起法律诉讼？为什么不把你的案子搬到国际法庭？为什么不试着发动一次全球性的媒体改革运动？为什么不试着摧毁菲利普·莫里斯（Philip Morris）的烟草帝国？

Détournement

公司做广告，文化干扰者恶搞广告（subvertise）。模仿目标广告的形象和感觉，一个印刷精良的"恶搞广告"，能使观众看后恍然大悟，那就是，他们正在观看的某商业广告其实正好与自己的期待形成对立。"恶搞广告"是味道浓烈的芥末。它从我们这个媒体造就的现实中切入，切开炒作和浮华，立刻揭示其间空洞的景观。

假如没钱来一场真正的平面广告运动，你能做的就是，模仿对手耗资百万打造的形象和感觉，然后凭你的喜好，Détourning（异化）对手精心打造、正待复制的Meme。他们用几百万使公司形象"酷"起来，你只需从它们身上偷几块来用就好。

网络上的文化干扰

因特网是人类历史上所发明的最强大的文化复制媒介之一，它的发展与婴儿成长的速度一致——每十个月大一轮；网络用户时刻关注网上发布的重大新闻。利用网络，良好的文化基因可以得到快速复制。1997年，"零购买日"活动从最初的一个太平洋西北地区相对较小的反文化事件，发展成为世界上前所未见的最大规模的反消费情感的爆发。每一位有电脑有网络的人都可以登陆"媒体基金会"网站（www. adbusters. org），下载"零购买日"宣传画或T恤样本，观看Quicktime格式的"零购买日"视频。而且，确实有成千上万的人这样做。

文化干扰运动以令人惊奇的速度在网络上展开。本书写作时，我们运用了以下几项有趣的技术：

网络请愿书

别再辛辛苦苦，把脚底磨穿，亲自为请愿书收集签名。反之，利用因特网，迅速找到几百万同你的思想一致的人，把你的请愿书发给他们，请他们认真考虑、签上大名、再用电子邮件发还给你。

虚拟抗议活动

把访问网站的人直接链接至抗议对象的网站上（例如孟山都、麦当劳、菲利普莫里斯或NBC），在那里，他们可以用各种有创意的方法开展抗议活动。

虚拟静坐抗议活动

组织几十个网络文化干扰者涌入敌人的网站，同时要求对方发送更多的图片、信息、卡通片，以及各种各样的媒体元素。这些信息大大超出该网站的负荷量，能使网站崩溃，停止运作。

牢骚网站

创建一个网站，维护其运作，专门用于破坏某公司或品牌的"酷"的形象。

电视上的文化干扰

由一组热情的电影制作人制作的十五秒、三十秒或是六十秒的电视广告，我相信，是文化干扰者兵工厂里最强大的武器。有时，我把一条精心策划制作的社会营销电视广告称作"思维炸弹"，因为它将在大众的灵魂深处爆炸，发出与传统不一致的认知之波。一则有效的电视"替补广告"（或非商业广告），其制作与商业广告非常不同。它能迅速抓住观众的注意力，打破媒体消费者精神恍惚的状态，并立即挑战消费者的世界观。它是在我们这个时代超级强大的社会通信媒介中展开的文化游击战。它能出其不意地捕获各大行业，扣动扳机使人们重新审视政府政策，修订现有法律，发起新的政治行动。三十秒的电视运动，是普通公民和活动家们用合法的方法，对政府、公司、产业的挑战。"在民主社会中，你有权这样做"，因为你已被赋予绝对的权利。

成百上千的抗议者聚集在麦当劳门口，这样的事件最多登上本地晚间新闻，但是，如果利用相对谦虚的电视运动（如在《CNN头条新闻》节目登载十二条广告，每条花费二千五百美元），指出麦当劳的巨无霸汉堡脂肪含量超过50%，这样的做法，就一定能够直击快餐业的心脏。

厚着脸皮在INDY国际赛车赛以及全美汽车比赛期间，反复播放"抵制汽车"的电视节目，就能让全球的汽车制造商心力交瘁。把全球经济比作"世界末日"的生产机器，这样的非商业广告如果在七国集团峰会时在电视上播出，就能引发世界范围内，对富裕的第一世界国家的不可持续可度消费经济，展开的辩论。

假以时日，我们一定能够使用电视频段，在一个信息自由的环境中，拥有与他人"交流的权力"。同时，通过电视展开文化干扰是一个双赢战略：如果能够在电视上买到时间播出广告，就能赢得向几百万观众传递信息的权利。如果广播公司拒绝向你出售广告时间，就能向大众宣传这个事实。现在，只要有一条新闻报道（媒体总是喜欢揭发肮脏的小丑闻），这条报道就能在你的社区引发关于"是否有权获得公共电视频道播映权"的辩论。与广播公司直接接受你的广告相比，这样做或许能为你赢得更多公众的关注。

行业的夹钳

想要从控制人类生活方方面面的功能失调的各大行业破茧而出，并在那个行业建立新的议程，需要的不仅是热辣的电视节目和一点由广告催生的愤怒之情。要打破控制交通及环保政策的汽车行业，要打破控制营养需求的食品行业，要打破控制吸引力的时尚行业，需要走到第一线，开展文化持久战。"夹钳"战略就是一种组织力量进行战斗的方法。你可以按如下说明应用该战略：

1.利用强硬有力的媒体攻击上述行业。利用电视广告提出反对意见，以此打击那些不可挑战的经营管理模式。利用杂志搞破坏，对上述行业极尽讽刺之事。在各大城市，把"抵制广告"准确地摆在他们的商业广告牌旁边。

2.同时从下方展开攻击。游说草根阶层；联系公民群体（如自行车群体、素食主义者、女性群体、反对电视暴力的基督徒、绿色企业家等），推动社会活动的开展（如反汽车集会、街头派对、贴标签运动、抨击时尚周活动、网络请愿书活动等），并精心谋划，吸引更多媒体及电视的关注。

3.夹钳用于各行业，两年内不可有任何松懈。

一个制作精良的夹钳能使上百万人反思生活——如何吃得更好，开车开得更少，如何减速减挡，如何跳出时尚跑步机。整个国家的情绪氛围将得到改进。私家车车民会像今天的吸烟者一样，边缘化，反派化。那些把巨无霸、可乐、炸薯条当午餐的人会有罪恶感，恶心，觉得自己有点蠢。戴耐克牌帽子，穿CK牌牛仔裤的青少年再也不觉得时髦。

到那时，各大行业就会发生转变。全球汽车制造商会突然发现，私家车行业已经没有未来；麦当劳停下脚步，不再为下一代出售高脂肪的油炸食品；美容业的神话丧失控制权。到那时，公司这种制"酷"机器会开始出毛病，噼啪作响。而我们人类，因为自决力激增，站了出来，重塑我们自己的文化。

过去十年内，在我经历的一些戏剧化的时刻，我就会想象，文化干扰改革运动迎来了庄严肃穆的清算时刻，就像莎士比亚在《亨利五世》中描述的场景一样：国王在阿金库尔战役前，招集部队，发言誓师，他的话语发人深省：

> 那些正躺在床上的英格兰贵族，
> 以后会不停埋怨自己不在这里，
> 每当听人说起曾在圣克里斯宾节与我们一起奋战，
> 他们面带愧色，无颜再提男子气概！

不难想象，文化干扰运动会被子孙牢记于心。他们会记得，这场运动是在新千年之初，震撼世界，带来星球的伟大变革的催化剂之一。到那时，新古典主义经济学家所施的符咒已被破除，与公司的特权阶层的战斗也已取得了大部分胜利。子孙后代享有的自由和文化权利（cultural empowerment），就是我们为之奋斗的自由和权利。我们赢了！"你们做了什么？"孩子们问，"菲利普莫里斯公司一败涂地的时候，你在吗？美国'真实成本党'赢得竞选的时候，你也在吗？'交流权'被写进《世界人权宣言》的时候，你还在吗？"

那时，我们就会像亨利国王一样，撩起衣袖，展示我们的伤疤。

注释：

1.“革命的冲动”的写作受到以下作品的启发，同时全书中的情境主义思想也来源于此：格雷尔·马库斯（Greil Marcus），《口红的痕迹——二十世纪的秘密历史》（Harvard University Press, 1989）；伦恩·布莱肯（Len Bracken），《居伊·德波的革命》（Feral House, 1997）；居伊·德波（Guy Debord），《对于景观社会的评论》（Verso, 1990），肯·科纳布（Ken Knabb）编译的《情境国际选集》（Bureau of Public Secrets, 1981）；劳尔·范内格姆（Raul Vaneigem），《日常生活的革命》（Rebel Press/ Left Bank Books, 1994）；居伊·德波（Guy Debord），《景观社会》（Zone Books, 1994）；西蒙·萨德勒（Simon Sadler），《城市情境》（The MIT Press, 1998）；莎蒂·普兰特（Sadie Plant），《最激进的姿态》（Routledge, 1992）。从马库斯到普兰特展开你的旅程吧，再读些情境主义文集，如科纳布文集。可登陆网址：www.slip.net/~knabb阅读部分作品。

2.“一句真话听起来都像是一声枪响。”1980年诺贝尔文学奖获奖者切斯瓦夫·米沃什（Czeslaw Milosza）的获奖演说。

3.“为路灯装上开关……”——字母主义国际，格雷尔·马库斯（Greil Marcus）在《口红的痕迹——二十世纪的秘密历史》（Harvard University Press, 1989, 第411页）中引用。

4.“‘有道德的、诗意的、情色的，甚至几乎由感性引领’的生活……”——莎蒂·普兰特（Sadie Plant），《最激进的姿态》（Routledge, 1992, 第8页）。

5.“现代社会的‘景观’”——居伊·德波（Guy Debord），《景观社会》（Zone Books, 1994）。首版在法国出版，名为La société du spectacle(Buchet-Chatel,1967)。

6.“dérive”，引自居伊·德波（Guy Deobord），另见《“无目的地移动”的理论》，肯·科纳布（Ken Knabb）第50页；伦恩·布莱肯（Len Bracken），第66页；格雷尔·马库斯（Greil Marcus），第168、170页；莎蒂·普兰特（Sadie Plant），第58-59页。

最惊人的关于城市和dérive的情境主义作品是伊凡·齐特齐哥拉夫（Ivan Chacheglov）的《新都市生活规则》（《国际情境主义选集》，1953）；由肯·科纳布（Ken Knabb）编译（Bureau of Public Secrets, 1981）。我第一次读到《新都市生活规划》是在www.slip.net/~knabb。

7.“无目标地移动”——莎蒂·普兰特（Sadie Plant），《最激进的姿态》（Routledge, 1992,第58页）。

8.“并为生活创造出有趣的新方式”——居伊·德波（Guy Debord）的《关于情境主义的建设和国际情境组织和活动倾向的报告》，肯·科纳布（Ken Knabb），第17-25页。

9.“Détournement”——居伊·德波（Guy Debord）和吉尔·J.沃尔曼（Gil J. Wolman），《“转身”的方法》，肯·科纳布（Ken Knabb），第8页。“用‘转身’来否认和作为前奏”，肯·科纳布（Ken Knabb），第55页；莎蒂·普兰特（Sadie Plant），第86-89页；格雷尔·马库斯（Greil Marcus），第168、170、179、372页。

10.“再到彻底重新定义社会事件——如1965年洛杉矶华特暴动……”详见《景观—商品经济的衰败》，《国际情境主义》（#10,1966年3月,Knabb,第153-160页）。

11.“恶搞了一副著名的列宁肖像，见伦恩·布莱肯（Len Bracken）画在第64页的插图。

12.“用空洞的天堂转移生命本身的力量，这种行为是致命的”“上帝已死”，完整英语译文详见伦恩·布莱肯（Len Bracken），第10-11页。

13.“重新定义现有景观的价值”——格雷尔·马库斯（Greil Marcus），第179页。

14.“现有社会发生巨大改变。”——莎蒂·普兰特（Sadie Plant），第89页。

15.“即便最最微小的姿态动作……”——莎蒂·普兰特（Sadie Plant），第67页。

16.“真实经历的新诗篇，生活的革新的春天即将到来。”——劳尔·范内格姆（Raul Vaneigem），《日常生活的革命》（Rebel Press/ Left Bank Books, 1994）；莎蒂·普兰特（Sadie Plant）引用，第67页。

17.“现代男女，地球上最先进社会的公民，激动地观看媒体提供的任何节目。”——格雷尔·马库斯（Greil Marcus），第99页。

18.“临时性的、有生命的”——情境主义者，格雷尔·马库斯（Greil Marcus）引用，第175页。

19.“‘奇异’区、‘阴险’区、‘悲惨’区、‘快乐’区、‘有用’区……”——伊凡·齐特齐哥拉夫（Ivan Chacheglov）；肯·科纳布（Ken Knabb）引用，第1页。

20. "我比大多数写作的人写的少得多，却比大多数喝酒的人喝的多得多"——伦恩·布莱肯（Len Bracken），第viii页。

21. "我们这种人的宿命，就是成为第一群为新生活开辟道路的人"——卡尔·马克思（Karl Marx）；居伊·德波（Guy Debord）采用；格雷尔·马库斯（Greil Marcus）引用，第185页。

22. "信仰高速列车，追求更多的交通工作……"——L.T.C.罗尔特（L.T.C. Rolt），《高马无人骑》（G.Allen&Unwin, 1947）。

23. "一代代诗人、先知、革命家，更别提情人……"——莎蒂·普兰特（Sadie Plant），第39页。

24. "Détournement的正确符号，如果出现在正确的时间正确的地点……"——格雷尔·马库斯（Greil Marcus），第179页。

25. "能把事情做得四平八稳，不留漏洞。"——吉尔·J.沃尔曼（Gil J. Wolman）；雷尔·马库斯（Greil Marcus）引用，第358页。

26. "后现代社会的盛世之末"——莎蒂·普兰特（Sadie Plant），第5页。

27. "新设施的同时，又为其提供阻力"——汤姆·弗兰克（Tom Frank），《商品化你的异议：

挡板中的欢呼声》（Norton, 1977，第35页）。

28. 朱丽叶·B.朔尔（Juliet B.Schor），《过度消费的美国：高消费、低速消费和新消费》（Basic Books, 1998）。

29. 霍尔·尼兹维奇（Hal Niedzviecki），《我们真的衰退了吗？——介绍心神不宁文化》（《断铅笔》，第5期，1997年11月，第14页）。

30. "文化基因之战"。本章标题来源于卡勒·拉森（Kalle Lashn）的《文化基因之战》（《广告克星》1998年秋季刊，第6-7页）。

31. "Meme"这个词语由进化生物学家理查德·道金斯（Richard Dawkins）在《自私的基因》(Oxford University Press, 1976)中创造；希腊语词源，原意为"模仿"，用来描述模仿基因行为，在"大脑与大脑间"而非身体与身体间传递。

32. "meme的战役（meme warfare）"，新词，保罗·斯宾瑞德（Paul Spinrad）创造，《广告克星》1995年冬季刊，第40页。

33. "游击信息战"——如马歇尔·麦克卢汉（Marshall Mcluhan），《文化是我们的事》（Ballantine Books, 1970，第66页）。

34. 多雷娜·米锋丝(Donella Meadows)，丹尼斯·米锋丝（Dennis L.Meadows），约根·兰德斯（Jorgen Randers）和威廉·W.贝伦斯（William W.Behrens），《增长的极限》（Universe Books, 1972）。

35. "一个住房合作社负责人……"——我第一次读到这个故事是在一篇名为《系统中介入的位置》（Whole Earth, 1997年冬季刊，第82页），多雷娜·米锋丝（Donella Meadow）。

夏季篇

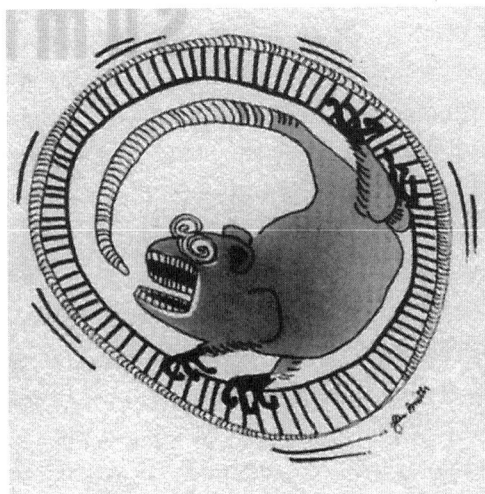

愤 怒

（Rage）

愤怒——如果你愿意，也可以用别的叫法——其实没什么不好。当它突然从内心深处涌现时，一定是迅速、强制、真实的。它是唯一一种可以强大到开始一场战役，或结束一场战役的情感（想一想越战时期的抗议活动）。如果愤怒仅仅来源于个人的沮丧之情，它会带来低水平的公平公正。愤怒让人修好了你楼栋里的锅炉，让吵吵闹闹的邻居被赶了出去，让鲁莽驾驶的司机被罚款，让你犯错的小女儿受到责罚。如果愤怒来自于道德上的羞辱感，它就会带来深刻的变革。它曾制止了在动物身上进行化妆品试验，强化了青少年犯罪相关法律，改善了工厂车间工作环境，推翻了腐朽的政府。

愤怒激发了革命。

在过去，善意地激发愤怒是一件比较容易的事。你能轻松地找出愤怒的对象，即使这个对象是所有人所有事。（有人问年轻的马龙·白兰度Marlon Brando："你的叛逆究竟是为了什么？"他回答说："你是为了什么，我就是为了什么。"）[1]那个年代，"愤怒"的避雷针比较少，彻头彻尾的恶棍也比较少。那些让你咆哮的对象——促销员、电话业务员、信贷员——很可能是大公司的一线工作人员。但是，公司体制本身，而不是工作人员，才是问题的所在。对体制发火，就像对一台坏掉的面包机发火一样，你只会觉得自己像个傻瓜，因为你的怒火并没能带来任何改变。

那个年代支配一切的体制，就是消费者资本主义。第二次世界大战以来，美国人被看作是解决国家悲剧的答案，而不是悲剧的根源。资本主义，就像是一张通往自由的车票，就像是官僚主义的解毒剂。但是，消费者资本主义——景观社会——非常阴险地控制着社会。随着时间的过去，它不停地调节你的灵魂，让你变成奴隶一般顺从的"零部件"，[2]为制度工作，却毫不知情。

想象一下，你倒在沙发上看电视，非常放松，就像一位被催眠的病人一样放松。慢慢地，你感觉到能量，或至少感觉想做点什么，但你却继续躺在那儿，继续看电视，于是，能量渐渐枯竭。你觉得温暖，还有点麻木，但随着像药瘾一般感觉的出现，你却毫无喜悦之情。几小时之后，你意识到什么地方出了错，想起身，却做不到。你认为自己可能是疯了，认为有人对你做了什么，认为有人正在吸干你的精力。但是，是谁？是拥有电视网的人（迈克尔·艾斯纳Michael Eisner）？是创造这堆垃圾的人(西伦·斯佩林Aaron Spelling)？是传递垃圾的笨蛋(大卫·哈塞尔霍夫David Hasselhoff)？还是你自己？你与这些人串通一气，收看节目，增加收视率，喂养这个机器。我们的所作所为，反映出责任心的缺失。正是这种现象，让战争时期的士兵不断为犯下的罪行找借口。在责任心的巨大引擎之中，你只是一个小齿轮，这让你总是想办法脱身。如果人人都是坏蛋，如果人人都在媒体消费者文化中昏昏欲睡，那么，确实没人应当受到指责。变好不易，愤怒不易，但是，要想变得沮丧抑郁，却是再简单不过的事儿了。

自五十年代以来，景观已经一点一点地将我们吞食。我们不再相信真实的欲望，变得愤世嫉俗，恐惧不安。我们不记得愤怒的感觉，也不知道生气的理由。我们听到大脑中极端保守的部分说：赶紧撤退，理智一点，一切还不至于那么糟。但是，我们已经失去了与内心那位圣女的联系，失去了一部分的自我。那一部分的自我敢于奔到窗前，打开窗户，对着街道尖叫："我简直是疯了！我再也不要这么做了！"但事实上，我们像一条条落水狗一样躺在电视机前。我们向公司献媚，像农奴一般，将公司的品牌标记穿上身。我们呼吸着污浊的空气，喝着污秽的水，舔着公司的棒棒糖，从不溜去外面的世界瞄上一眼。

为何我们如此温顺驯从？难道是因为没什么好争的？不可能。事实上，人类的处境从未像今天这般危如累卵。地球的命运悬而未决。人类历史上从未面对过如此多的挑衅。然而，因为某些奇怪的原因，我们拒不承认自己的愤怒，稳坐不动。

后现代社会普遍存在的愤世嫉俗的心理，就是一种愤怒，只是这种愤怒全无斗志，它无权无力、与世隔绝、羞愧难当。与过去所知的任何一种愤怒相比，愤世嫉俗是最孤独的一种。因为在过去，人们的愤怒由不公正而起，对象非常明了。后现代的愤怒则是一种混合物，因受到长期的压制，尽管强烈，却不稳定，它包含了几种情绪：一部分"生态的愤怒"，这是一种高度的不信任感，不相信人类悠然自得地破坏大自然会带来恶果；一部分来自信息时代的怒火，我把它叫做"精神愤怒"。在此之前，你或许对这种愤怒叫不上名儿来，但你知道自己是否有这种怒火。疲倦却兴奋，你的情绪一时高于云霄，一时又跌入谷底。总之，某一天，不知从哪儿来的怒火会突然爆发。它来得迅猛，没有半点警示。

精神愤怒在你意识到自己被困在狂欢盛宴之时攀至顶峰。这个盛宴就是"美国公司"式的欢乐。在电视机前每多坐一个小时，你的怒火就增长一分，因为无论电视机里播放的是戏剧化的入室抢劫案、拳击比赛、太空舱发射，还是竞选辩论、股市分析以及种族灭绝战争，每隔几分钟，这些节目就会被广告打断：汽车、化妆品、夏威夷度假……直到某一天，你突然意识到（尽管已经太迟），从你会围着电视机爬来爬去的那一刻起，你就一直接受电视宣传，吸取它传给你的"营养"，你的神经元一直被浸泡在色情、暴力和营销炒作之中。到那时，你的精神愤怒就已到达顶峰。与从前相比，你的各方各面都已退化。虽然先天基因和后天养育的强大力量将你打造成一位具有独特思想的人类，但是，另一股同样强大的力量与它对抗，试图使你成为一名服服帖帖的消费者。你已加入了北美"贪得无厌"消费者邪教组织。用佛语来说，你已经成了"饿鬼"，有一个奇大无比的肚子，嘴巴却只有针孔那么小。于是，你永远不可能真正"吃饱"，获得满足。

奇怪的是，你并不真正在意这一切。事实上，从某种层面上说，你快乐无比，怡然自得。你喜欢这种控制感，尽情享受每一个景观。光与影是你每日的药剂，在你的舌头下融化。你的视线无法移开巴格达的轰炸；你的泪水几乎为戴安娜流干；克林顿总统出轨的新闻，你怎么看都看不够。是你，按动遥控器，让电视节目不停上映。

或许，某一瞬间你曾意识到，你的生活已经出了大问题，除非你能立刻从沙发上一跃而起，未来等待你的将只有荒芜与贫瘠。

然而，这一瞬间过后，电视节目开始，你还是没有离开。思路不够

THE PRODUCT IS YOU
15·SECOND TV SPOT

a message from the media foundation

The camera moves slowly toward a young man watching TV in his living room.

Voice:
"Your living room is the factory . . .

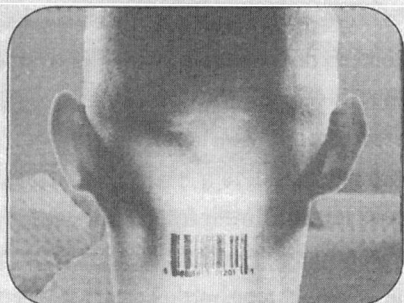

. . . the product being manufactured is *you*."

MEME WARFARE TONIGHT 1-800-663-1243

产品就是你（15秒广告）
（来自媒体基金会）镜头缓慢移向一位年轻男子，他正在客厅看电视
配音："你的客厅就是工厂……
……正在生产的产品就是你。"
今夜的文化基因战，1-800-663-1243

清晰，你无法分辨哪些该做哪些不该做，更不用说直接放手干了。

因此，愤怒在你的心中潜伏起来。

它是个信号，就像疼痛和性欲。如果学会相信它，为它保驾护航，观察它，而非打压它，你就能获得力量，丢弃愤世嫉俗的情绪。"谎言是压力的主要体现形式之一。"[3]美国心理学家布莱德·布兰顿 (Brad Blanton)曾说。从某种意义上讲，不承认内心的愤怒就是对自己撒谎，因此，塞硬币堵住某垄断报纸的投递口，或是在深夜毁掉一个广告牌，都是诚实、并且令人愉快的事。

愤怒、反抗，都是健康、道德的情绪动作，我们有权这样做。它向人们传递了一个信念，那就是，变化是有可能发生的——不论是对你，或是你的敌人。学会如何用怒火干扰文化，或许是少有的几种让人感觉真实的方法之一，因为我们正身处赫胥黎作品中所描述的新千年资本主义的快速变化之中。

有组织犯罪（黑色阴影 Organized Crime）

第二次美国革命

（The Second American Revolution）

把美国历史想象成一部四幕戏剧。第一幕，美国是一个傀儡国家，早期居民受到遥远的大不列颠主人的控制。第二幕，美国人奋起反抗。一场伟大的革命为美国人民带来了权力，他们用全新的、更加民主的方式管理自己，用自己的事迹鼓舞整个世界。长长的悲剧性的第三幕现已进入戏剧性的尾声，在消费的攻击下行将死去。由于被公司创造的景观和权力控制，这个曾经骄傲的民主国家走向衰落，变成了一个大企业形式的国家。人民颓废堕落，忘记应当如何赢得自由。

现在，第四幕即将上映。这是一幕关于拯救和复苏的反转剧。美国人民将被唤醒。人们有组织地、系统地解散了这个大企业形式的国家，重拾二十个世纪遗失的主权。"主权国家的人民不会向下级实体公司乞怜，[4] 或是与它们协商，因为下级实体是由人民创造，必须接受人民的指令。"里查得·罗斯曼（Richard Grossman）说。他是《公司、法律与民主》节目的导演之一，也是这场伟大变革的设计师之一。"如果一下级实体公司触犯任一条法律，或是破坏美国人民政府管理的能力，我们有责任迅速手术，将这一肿瘤从政治身体里割下来。"

第四幕的美国故事是一个关于打碎媒体消费者迷糊状态的故事。它是除去"美国™"的故事，是把公司收回盒子里的故事，是取消我们在过去两百年间过度赋予公司的宪章权利的故事；是让公司跟着人民走的故事。

这个培训车间的目标，在于鼓舞戏剧性的个人思维转变，以此改变人与公司的关系。一旦转变发生，你将为自己多年以来的驯服感到羞愧。未来的日子充满了自主性和新任务。你将与公司扭打成一团，将它们赶回原来的地盘，并为此收获巨大的欢乐。你将训练自己，时刻谨记接管权力，并记住一个事实，那就是：你是人类，公司只是你的种族发明的一种法定构造。

这个培训结束后，你已经拥有足够的技艺，夺回正当的自由和尊严。思维转变的过程是渐进的，因为公司的议程已经被密密地缝入我们的生活之中，轻易不得见，对它的干扰更是难上加难（一直以来，人们认为公司的权力特权理所当然，就像一百多年前，人们总对皇室人员的特权习以为常一样）。总之，思维转变就是一个漫长的戒毒过程。

最初，你会做些小动作表示抗议，到最后，你会完全改变自己在消费者文化中生活的方式。

接下来的每一个剧情里，你都享有两种选择：像猪一样翻身，像猪一样号叫——即按公司希望的方式行动；或是抓住控制权——改变（détourn）它——然后以主权公民的身份行动。当然，正如我们即将看到的，主权分几种级别，某一些通往自由之路比别的道路更加平坦笔直。

丢弃礼貌的外表

电话公司为你寄来每月的清单。你发现上面有个错误，公司多收了你的钱，于是你打去电话，向接线员说明情况。"行，没问题，我们会改过来，"她说，"请你把账单用邮件或传真发还给我们，并附上一个问题说明，我们会做出处理。"

当然，你完全可以按照她说的办。大多数人都是这么干的，因为能省下许多麻烦，还能让你继续一天的生活，该干吗就干吗。可是，如果你这么做，同时也意味着，你花自己的钱，按那个傲慢公司的设计，为他们节约了时间和金钱。

那么，主权之路应当这么走。丢掉礼貌的外表，直接告诉他们，"听着，这是你犯的错，不应该由'我'把账单寄给你！最好是你把价格改好后，把新账单寄给我，到时我会付钱。"坚持按你的方法办事，并时刻做好准备——如果这位接线员拒绝，就换个人来伺候你！

同样是受害者，我认识的一位女士，每当家里收到未经要求主动寄来的传真，就会用一张黑得发亮的纸（这种纸会大量占用对方的内存、消耗对方的碳粉），回一封传真过去。传真上预留的小小的白色空间里只有一句话："别再往我家寄传真！"

学会Détourn

这是个星期一的傍晚，电话铃响。某大型保险公司的一位女性在电话的另一头问，你是否愿意收到"定期人寿保险"的信息。据她说，根据她的经验，鉴于你的生活方式和收入水平，这种保险非常适合你。你可以听出来，她极具攻击性，明显是在照着纸张念。

按照此时此刻的状态和情绪，你实在没有多少选择。你只能听她喋喋不休地高谈阔论，然后礼貌地说声"不"；要么就用简单的方法，撒个谎说："我们已经买了一份人寿险。"或是"抱歉，你打错了。"之类。但是，其实你大可随心所欲，实话实说："好吧，我可以跟你谈谈，"你说，"不过前提是你别再照着念了，像个正常人一样跟我说话。"如果有精力，你可以先问问她为什么做这个工作，然后试着劝她换个工作。要么你可以老实地告诉她，你现在很忙，如果她愿意留个家里的电话号码给你，晚点你会回电话给她。（如果她拒绝，你就可以说："既然你都能打电话到我家，为什么我不能打到你家？"要么你可以扭转局面，跟她说："行，不过在你作介绍之前，你得知道，我的时间宝贵，每小时收费二十美元，每次至少十五分钟。如果你还想继续跟我聊，你公司将付我至少五美元。时针正在走，你自己决定吧。"这是一次俏皮的Détournment。只要有足够人开始改变，换个方式应对电话营销，这些公司想要继续在家里骚扰我们，成本开支一定不小。

为他人扫清道路

你的某张支票被退票，你肯定银行账户里的余额足以支付这笔费用，于是打电话给某银行在本地的支行，想知道到底出了什么事。二十年来你一直在这家银行办业务，但是这一次，电话被转接到一个新的1-800热线总部，那地儿离你这儿有十万八千里。你要求跟某位熟悉的分行工作人员交流。不好意思，不可能，接线员说："现在所有的咨询都由新部门负责处理，目的是减少银行开支。"但是，这个新部门之前完全没有同你有任何合作，你争辩说。那么现在，接线员告诉你，就是我们合作的开始。

同样，你可以选择接受这个"简单"的方法，礼貌地同这个新认识的人合作。这么做并不是说你认输了，你只是没有心情再同他吵了，再说，和银行吵，怎么可能赢？

但是，想一想你付出的代价。每一次，只要你向某公司屈服，你都让后来者失望。如果你不能惩治这种恶霸行为，或是改变这个恶霸，那么下一次，这个恶霸又会欺负到你头上。

每一天不假思索地投降一小步、每一次不作评论地顺从忍耐，将我们置于今天的这种从属地位。每一次屈服，都使我们丧失了一部分自由和尊严。许多习惯性放弃的人常说："嗨！这不是我的战争。"又或许说："这么做又有什么不同？"正是这样的态度，使公司在制定政策或策略时占尽上风，把意志强加于我们头上。真正的教训是，战事无大小。小投降一定会引来更大的投降；小胜利则会带来最终的凯旋。

面对种种，如何处理是我们的责任。从一个层面上讲，我们是在与电话或银行作斗争；从更深的层面上说，我们是在对基因工程、贸易条款、全球变暖等大问题做重要决定。个人如何回应小事，在很大程度上决定了人们回应大事的态度及方法。日常生活就是革命拉开序幕的地方，它是游击战开展的地方，是马歇尔·麦克卢汉所说的第三世界大战[5]一决胜负的战场。

学会对抗

你被大学曲棍球队招募，发现每位队员都按要求穿一件耐克运动衫，胸前一个大大的耐克标志。穿哪种制服是球队的强制命令。这是一所"耐克"大学（即，耐克公司为学校捐了许多钱，作为回报，全校师生统一穿耐克）。

当然，最简单的做法是穿着耐克上学玩耍。极端的选择是与教练大吵一架，炒了球队以示抗议。

但是，文化干扰者有更好的办法。你可以先和某个队友来次私密的交谈，然后召集众人开会，就"把曲棍球队员当做人型广告牌是不是一种侮辱"进行讨论。然后加大赌注：张贴海报；写篇文章发到校报；在校园广播里讨论此事；来场疯狂的恶作剧吸引眼球。最后，要求校方或系部代表站出来，解释此事。告诉他们，如果继续把校园和销售混杂一处，他们将付出沉痛的代价。

用这种方式面对美国公司，你所做的不只是对抗，更重要的是，你正在"非营销化你的生活",你在创造选择,学习新的战略战术赢得自信。一点一点,你戒掉品牌,将银行账户转回本地信用机构,在本地商店购买所需产品,从其他途径获取新闻消息。你学会了用时间和金钱赏善,拒绝购买罚恶。你有了新习惯、新规律、新态度,它们慢慢深入骨髓。你不再允许某个公司代表为了抽身说:"先生,我很抱歉,但公司的规定就是规定。"相反,你与她正面对抗,将她"击倒在地"。如果她很难搞定,坚持到底,你会要求见她的老板。如果老板也很顽固,那就见老板的上级。记下名字,做好记录,保持冷静。你会让每个公司牢牢记住,究竟该由谁为谁服务。

公司有许多经验和程序应付你这种闹事的人。提前做好决定,看自己究竟能够承担多大风险。如果没有时间与其周旋,千万不要轻易发动"战役"。提前计划好对抗的策略,想想自己愿意走多远,想一想如果走进死胡同,能够采取怎样的终极行动。准备好停止与那个银行合作了吗?准备好取消这笔订单了吗?准备好进入公众视野了吗?准备好投入非暴力不合作运动了吗?准备好采取法律行动了吗?又或者,你只想下周约个时间,和对方经理聊一聊?

只要你不断做出有责任的选择,就会觉得自己更有活力、更自由、更真实。一点一点地,输得越少,赢得越多,你会发现文化干扰的乐趣:那伟大的、令人愉快的改变的力量——那人人都有的力量。

重新架构辩论框架[6]

你决定从个人行动转向集体行动。因为对发展快速的帝国主义厌恶不已,你决定加入本地麦当劳门口的抗议活动。

正常情况下,这种活动有章可循。抗议者们发放传单,批判公司行为,指责麦当劳应对当前营养不良的情况负责,谴责对方为了打造自己的牧场,破坏南美洲雨林。整个抗议活动提前已经设计好。一方是麦当劳,拥有几十亿美元的流行企业;另一方是一群衣着不整、留着长发的"反动分子"。抗议活动的领袖人物故意与警察对抗后被捕。于是新闻记者出场,拍几条愤怒民众的言论。这条新闻登上本地报纸,甚至是晚间新闻,但是,一切还是照旧。麦当劳分店陆续开张(想开几家开几家),依旧每年花十五亿美元做广告,并最大限度地制订地球"营养"计划。

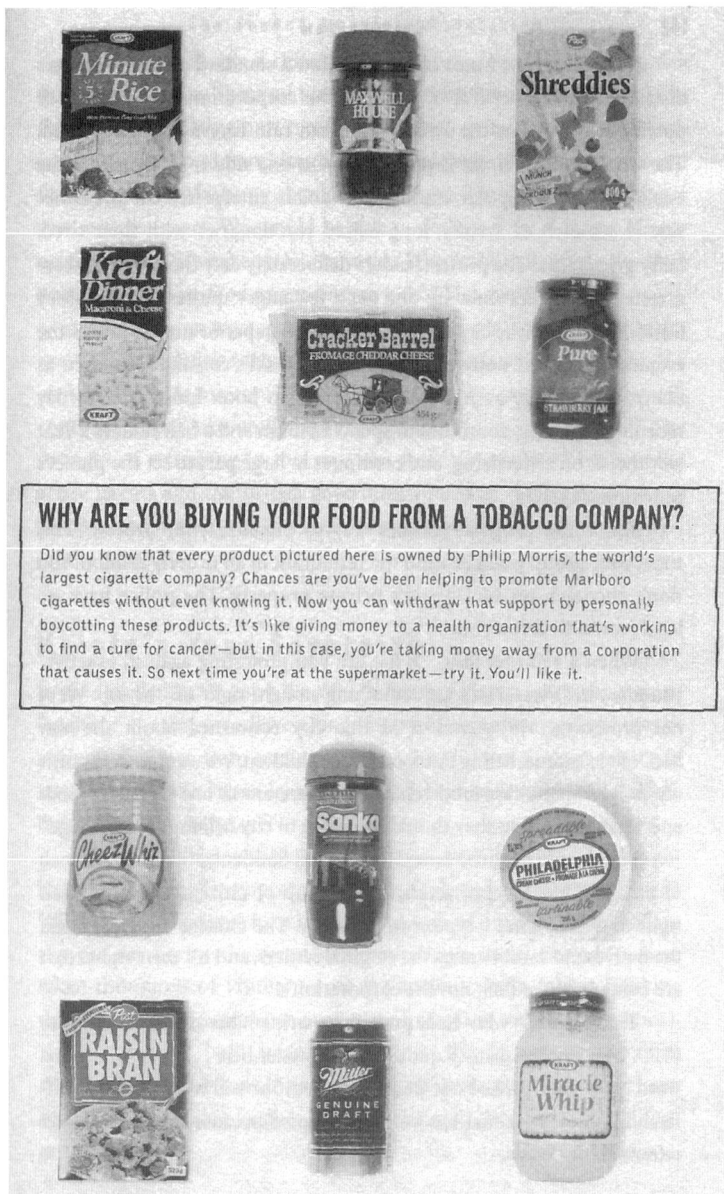

WHY ARE YOU BUYING YOUR FOOD FROM A TOBACCO COMPANY?

Did you know that every product pictured here is owned by Philip Morris, the world's largest cigarette company? Chances are you've been helping to promote Marlboro cigarettes without even knowing it. Now you can withdraw that support by personally boycotting these products. It's like giving money to a health organization that's working to find a cure for cancer—but in this case, you're taking money away from a corporation that causes it. So next time you're at the supermarket—try it. You'll like it.

为什么购烟草公司生产的产品

你知道吗，图上所示产品均为菲利普莫里斯（Philip Morris）公司（世界上最大的烟草公司）生产？你无意中推动了"万宝路"香烟产业。现在，停止购买这些产品吧。这样做等于向医疗机构捐钱，研究治癌良方——不同的是，这次的行动目标，是将钱从引起癌症的公司抽走。下一次逛超市时，试试吧。你会喜欢的。

其实，你大可换种方法组织抗议。这一次，你的队伍以有序的方式绕着餐厅转。因为未侵犯麦当劳的私有财产，警察也找不到理由逮捕你。

如果记者采访时问："这次抗议活动的对象究竟是什么？"你回答说："请大家从一开始就搞清楚。我们不是抗议者。我们只是普通市民，担心麦当劳向子女兜售快餐食品的普通家长。我们想说的是，这附近有多少家快餐店？他们得向市政厅交多少执照费，才能拥有这样的特权啊？"

哇喔！立刻，问题的结构变了。这不再是一群反麦当劳抗议者，这是一群维护知情权的市民。市民再一次成为国民、主人、最初的定居者。是他们的权利受到了破坏，而不是公司的。

那位记者，早就打好草稿，正准备写"……这里插播几条现场抗议者的煽动性言论……"，现在只好把"抗议者"这个词划掉。现在，她的报道将会完全不同。之所以如此，是因为一位聪明的干扰者重新架构了整个辩论框架。

第二天，某位市民读到报道时会说："对啊，我懂了。这附近确实有太多快餐店了。我喜欢这个主意，是得重新规划一下我这附近快餐店的数量了。像麦当劳那样的特许经营快餐店应该给市政厅多交些执照费。五万五千元一年？或者再多点儿？只要我们愿意，肯定没问题。这是我们的街区！是我们的城市！既然如此，或许儿童频道也用不着那么多快餐广告了吧。"

重塑问题很简单，找出问题的核心也很简单。甘地重新定义了殖民地印度的冲突。"文明对抗的作用是激起更多的回应，"他告诉他的人民，"我们将不断激怒对方，直到他们有所回应，或是改变法律。"用这种方法重新架构的力量，使"抵抗者"成为活性剂，大不列颠政府成为反应主体。主动权被彻底扭转。从那时起，"抵抗者"成了制定规则的人。

保持"主权"

在太平洋西北部，几个林业巨头，被授予"管理"资源的权利。一直以来，他们犯下各种各样破坏生态的罪行，从过度砍伐到在水域进行清场伐木。他们留给后代的遗产，是满地的树桩与泥泞，以及将死的大马哈鱼流域。

二十多年来，环保主义者坚持反击。诸如绿色和平组织（Greenpeace）、峰峦俱乐部（Sierra Club）以及加拿大西部荒野委员会（Western Canada Wilderness Committee）之类的组织发行了上千本期刊杂志，披露林业公司的罪行。环保指示（Ecoguides）组织将无数参观者带到古老的未经砍伐的森林，让他们深刻意识到森林正面临怎样的危机。志愿者在大教堂般神圣的天然华盖下搭建木板路。多年来，无数热情的抗议者，因拦断运材道或把自己拴在伐木机器上而被捕。

环境主义者已经赢得了多次胜利。雨林的大片土地由政府出台法律保护，公园被建起来了，清场伐木模式被改变了。

但是，最基本的问题仍然在那儿——伐木公司的砍伐力度仍然高于可持续发展的要求；他们继续将垃圾倒进大马哈鱼流域；仍有大片管理不善的林场存在，留待后人解决。而且，如果抗议活动过激，如果商业环境发生变化，如果有利可图的成熟原始森林被砍伐殆尽，林业公司将把业务转移至印度尼西亚或巴西，或者任何收获更丰的地方。

"在我们质疑公司的存在权之前，它会对环境造成多大的损害？"[7]《商业生态学（The Ecology of Commerce）》作者保罗·霍肯(Paul Hawken)问道。带着这个问题，他重新架构了整套公司辩论框架。这套框架力量强大，它不再将视线放在木业公司带来的某种危害之上，而是要求木业公司停止这种那种的有害举动，质疑其合法性以及该公司在你所在州或省份继续运营的权利。

重塑问题，这样，你——而不是公司——就是主权单位。这有点像在心理学教室观察一幅格式塔(Gestalt)图画：它究竟是个高脚杯，还是鼻尖对鼻尖的两张脸？一旦感觉发生变化，再看这张图，它就只能是张脸，高脚杯消失了。

要从情感角度了解这种变化的感觉，想一想你同父母的关系。回忆近年来发生在你们身边的那些小事，然后回到那个时刻，那个以一种说不清道不明的方式，改变你与父母权力构架的时刻。它或许发生在你的青年时代，父亲教训你的时间太长，或是声音太大，又或者过于维护他的权力。于是，你内在的什么东西突然啪地断掉，你看着他的眼睛，却没看到任何力量、自信或确定，反之，你突然见到不安全感、困惑和恐惧。生命中的第一次，你出声反驳，与父亲顶嘴，即使这样做会使你被赶出家门，无处可居，即使这样做会使你母亲流泪，即使这样做意味着你扬起拳头。在过去，这一切完全无法想象，但是，突然间，世界改变了。那一天，你第一次成为自己的主人，没有任何人——即使是父亲——可以任意将你摆布。

少年人的独立宣言，是人生普遍存在的仪式。现在，世界需要的，就是类似的胜利，市民将在公司里高唱凯歌。

五十年前，阿拉巴马州的黑人坐在公交车的最后一排，在角落的便餐馆午餐，完全不作他想。许多妇女曾经相信，她们不值得拥有选举权。在我十几岁时，女性没胆量开车上路，因为，嘿，人人都知道她们不是好车手，而且许多妇女自己也对此深信不疑。她们微笑着调侃此事，让男人干开车的活儿。

今天，我们条件反射性地屈居公司之下，不可自拔。我们认为，公司比我们拥有更多的权利实属平常。我们认为，由公司为社区制定商业规则是再合适不过的事。我们认为，公司拥有合法权利，可以砍伐原始森林、左右选举结果、占用广播资源、将政客带到巴哈马群岛屿并起草世界贸易规则。

可是，事实并非如此。只要你重新架构主权、权力或特权等相关问题，你就会感到疑惑，疑惑自己为何一直以为事实就是如此。

现在，我们建好了车间，调整了心态，或许你已准备好进入另一个阶段——实战阶段，修补公司的基因密码。

嗨，化疗
卫生局局长警告：吸烟致命、悔恨终身

让公司搁浅！

（Grounding The Corporation）

公司没有心，没有灵魂，没有道德。[8] 它感觉不到痛，你也没办法同它吵架。因为公司不是活着的生物，而是一种程序——一种有效增加收入的程序。它从外在获取能量，如资金、劳动力、原材料，再用各种方式将它转换。为了"活下去"，它还需要迎合另一个条件，即从长远来看，做到收支平衡。只要实现这一条件，它就能永远地"活下去"。

每当公司伤害人类或破坏环境时，它不会感到任何悲伤或懊悔，因为内在使它无法做到这一点（或许它有时会道歉，但那不是懊悔——那只是公关策略）。东京文教大学的佛学学者大卫·罗伊（David Loy）曾这样解释："公司不能哭，不能笑，无法享受世界，也无法与世界患难与共。总之，公司不会'爱'。"这一切皆因公司是一个法律虚构的实体。它的"躯体"只是司法构造，而这，据罗伊所说，就是公司之所以危险的原因。"从本质上讲，它们并未根植在土地上，与地球生物没有接触，对地球生物的喜悦与责任没有任何感觉。"公司，可以最好地诠释一个词语——"无感情"。

因为公司对增长、权力和财富的不变追求，人们总将其妖魔化。但是，让我们与它面对面就会发现，它只是单纯地遵循既定顺序行事而已。因为这就是我们——它的设计者——要求它做的事。要想改造公司，使其具有责任心，实在是再愚蠢不过的一件事。改变公司行为方式的唯一方法，就是重新对其进行编码、重写程序、重新为它颁发许可证。

当通用、艾克森、联合碳化物或菲利普莫里斯一类的公司违反法律，导致环境灾难或损害公众利益的时候，常见的结果是……没什么特别的事儿发生。公司或被处以罚款，被判改进安全规程，或是面临联合抵制，最糟不过勒令破产（这极为罕见），股东赔了钱，雇员没了工作。但是，通常情况下，股东会把钱转而投资到别的项目上，公司执行官能在别的地方找到新工作。事实上，公司垮掉后，受害最深的，只有公众和下层雇员。

如果有一种更加严肃低调的实体，一种能够对其来源承担责任的实体，如果每位股东愿意对他人的损失或环境的破坏负责，一切将会怎样？为什么不呢？如果股东是公司的共有人，既然能因公司获利而获利，为何不能为公司的罪行承担责任呢？

如果能改写建立公司的规章制度，使每位股东承担部分责任，金融市场将迅速迎来戏剧性的改变。股票发行量减少。潜在的股东不再简单地选择最大的摇钱树进行投资，而是仔细调查意向公司的背景。因为风险太大，他们会重新考虑是否购买菲利普莫里斯公司、雷诺兹烟草公司或是孟山都公司的股票，反过来选择某些环保记录良好的资源公司进行投资。他们会对那些雇佣童工、破坏劳工法的跨国海外公司退避三舍。总之，股东也得搁浅，以此迫使他们关注并承担责任。到那时，股票市场将不再是一个个赌场，整个商业文化将被一拽而起。

我们犯了个大错，就是允许股东从本应承担的法律责任中脱身而出。不过，现在改正也为时不晚。既然人类创造了公司章程，创造了股票买卖制度，现在，也该由人类改变这一切规章制度了。

同样的行动可以扩大至公司的犯罪认定和处理方面。如果自然人犯下重罪，如买卖毒品或入室抢劫，社会将对其进行严厉的处罚。重罪犯被自动剥夺政治权力（如选举权、担任公职的权利）。如果罪行过重，他的日子就更加不好过，即使刑满出狱，也一辈子带着罪犯的"印记"。没人雇他工作，知道他底细的人不会信任他，他不能自由地越过边境。在美国某些地区，如果同时犯三种及以上的重罪，将被处以死刑。

与自然人相比，公司如果罪大恶极且罪证确凿，可能面临的最重的刑罚是：公众的愤怒、CEO（首席执行官）失业、董事会重组、"共同起诉"以及大量罚款。但是，一天结束之后，犯罪公司的执行官就再也没有什么好担心的了，他们面临终身监禁的机会小于等于零。而公司自身更是没有失去任何政治或法律权力，还能继续做它的生意，游说国会，或是参与竞选。最终，这家公司将聘请一位新的CEO，解决诉讼，发起新一轮公关活动，帮助公司重拾公众的信任。之前发生的一切，都被看做生意场上必须付出的代价。正因为如此，流氓公司菲利普莫利斯的执行官们才能一直撒谎、对事实真相隐而不报，还能一年又一年地愚弄法律，免受惩处。他们无惧无畏。

但是，我们必须找到方法，向他们一点一滴地灌输"畏惧"。我们必须制定严格的新法律，约束公司的罪行。如果二次违法，该公司应被处以刑法，即在几年特定时间内禁止向政府出售任何产品。它们将丧失资格，不再能够获得政府合同或电视台准入执照。它们将被禁止参加任何金融政治活动，禁止游说国会，同时像自然人罪犯一样，被剥夺法律权利。

我们必须改写组建公司的制度，任何公司违反以下规则，将自动被取消经营权，抛售其资产，获取的现金将被转化为超级基金，支付给受害人。具体违法行为包括：反复犯罪、故意倾倒化学废料至自然界、破坏水域、触犯反污染法、损害雇员利益、损害顾客利益、损害附近居民的利益、参与价格垄断、欺骗消费者，以及隐瞒重要信息。

这种行动有例在先，尽管你必须退后一个世纪才能找到它们。1884年，纽约城的居民，故意用辱骂的形式，要求总检察长取消"纽约标准石油托拉斯（Standard Oil Trust of New York）"的经营许可权[9]——他们成功了。宾夕法尼亚州取消了多家银行的经营执照，[10]因为这些银行的运作有损公众利益。密歇根、俄亥俄及纽约三州取消了石油业、糖业、威士忌业的托拉斯垄断集团。1890年，纽约州最高法院取消[11]北河制粮公司（North River Sugar Refining Corporation）的经营执照，其判决原文如下："判决对被告，即公司处以死刑。国家创造公司，现要毁灭该公司，所处罚金金额代表律法极端严格性。公司的生命，确实少于最谦卑市民的生命……"

对公司合并的警告在更近的几次法庭判决后出现。1976年，最高法院法官怀特（White），布瑞南（Brennan）及马歇尔（Marshall）注意到，[12]"公司的特殊地位已经把它们置于特殊的位置之上，它们用可行的方式控制了大部分经济权力，如不加以控制，不仅经济会受其控制，民主政治的核心——竞选——也将受其控制"。

在不作为的一百年后的今天，公司的经营权再一次受到挑战。

1998年5年，纽约总检察长丹尼斯·威高（Dennis Vacco）[13]取消了"烟草研究理事会（Council for Tobacco Research）"和"烟草研究所（the Tobacco Institute）"的许可权，其依据为，上述两个机构均为烟草资金资助的前沿机构，其作用是为"该行业的宣传"服务。

阿拉巴马州是合众国内唯一一个允许私人上诉、请求解散某企业的州，而法官威廉·永利（William Wynn）恰恰这么做了。1998年6月，永利以私人名义[14]（与他逮捕某公民的行为相对比）坚持声称，五个烟草公司触犯了本州禁止虐待儿童的法律，必须立即关闭。"油锅已经烧了一年，现在，是时候把鸡下锅了。"他说。

1998年9月10日，三十个人及团体，[15]包括"全国妇女组织（National Organization for Women）""雨林行动网络（Rainforest Action Network）"以及"全国律师指南（National Lawyers Guide），向加州总检察长丹·朗格伦（Dan Lungren）提起诉讼，揭露加州联合石油公司(UNOCAL Corporation)的秘密活动。他们声称，该公司从事环境毁灭活动、非人道对待员工、粗暴侵犯人权。这次诉讼活动，或许是一个世纪以来为取消公司经营权所作的最大的努力。

1998年11月3日，星期二，[16]在加州阿卡塔，这座政治氛围浓烈的大学城，美国历史上第一次以公民投票的形式，"确保对本城所有企业的民主控制"，投票结果为3 139票对2 056，胜利。现在，市民大会及全市范围内持续不断的对话显示，阿卡塔人民将再一次决定公司在他们的社区里扮演何种角色。

1886年，在"圣克拉拉郡"对"南太平洋铁路公司"一案中，最高法院决议宣布该公司具有受美国宪法保护的"自然人"身份。就在那一瞬间，公司"有了生命"，并开始享受与我们——创造它们的自然人——同等的权利和自由。文化干扰者的一个长线终极战略，就是再访那位法官，把上述判决颠倒过来，确保公司不再以"自然人"的身份从我们社会中崛起。

这场美国灵魂之战必定漫长而激烈，其结果还难以预测。下个世纪，美国人将进行彻底民主改革？又或者有更多的公司涌现？是否会有越来越多的国家经济被"牢牢控制在大型全球性企业的手中"？[17]我们将在"地球"上生活，还是在"公司星球"上生活？唯一可以避免地球公司化的方法，唯一可以避免噩梦袭来的方法，就是让无数美国人从现在开始，像一位天授权利的主权国家公民一样思考和行动。

PETITION

To Revoke Philip Morris's Corporate Charter
in the State of New York

Dear Attorney General Eliot L. Spitzer:

We, the undersigned citizens of the United States and New York, who are sovereign over government and corporations, have the responsibility of keeping both these institutions subservient. In May of 1998, The Council for Tobacco Research USA Inc. and The Tobacco Institute Inc. were placed in receivership as a direct result of a petition your predecessor Dennis Vacco initiated against these two groups for serving as "propaganda arms" of tobacco companies. Now we ask you to initiate similar proceedings against Philip Morris, Inc.

According to New York State law, you, the attorney general, may bring an action for the dissolution of a corporation upon one or more of the following grounds:

That the corporation has exceeded the authority conferred upon it by law, or has violated any provision of law whereby it has forfeited its charter, or carried on, conducted, or transacted its business in a persistently fraudulent or illegal manner.

For over 25 years Philip Morris, Inc., has transacted its business in a persistently fraudulent manner and therefore we the undersigned call upon you to commence proceedings to dissolve the corporate existence of Philip Morris, Inc.

name	address	signature

Please sign, photocopy and return this petition to the Media Foundation, 1243 W. 7th Ave, Vancouver, BC, V6H 1B7, Canada. Or fax it to: 604-737-6021. Or find out more and sign the cyberpetition at <www.adbusters.org>

请愿书
取消纽约州菲利普莫里斯（Philip Morris）公司经营许可权

尊敬的司法部长艾略特·L.斯皮泽（Eliot L. Spitzer）：

我们，签字上书的美国公民、纽约市民，有权有责任对政府及公司进行监管。1998年5月，"烟草研究理事会"和"烟草研究所"在您的前任丹尼斯·威高（Dennis Vacco）先生的作为下宣告破产，威高先生指责两机构是烟草公司的"左膀右臂"。现在，我们在此请求您采取同样的措施打击菲利普莫里斯公司。

根据纽约州现行法令，您，司法部长，有权依据如下罪证取消某公司经营权：

公司未受法律约束，或恶意触犯法律法规，伪照经营许可权，违法运营，或进行欺诈性或非法交易。

二十五年来，菲利普莫里斯公司一直从事欺诈性交易活动，因此我们在此签名上书，要求您采取行动，废除菲利普莫里斯（Philip Morris）公司经营权。

姓名　　　　　　　　　　　　地址　　　　　　　　　　　　签名

请签好复印一份，寄回媒体基金会总部，地址1243 west 7th Avenue, Vancouver, B.C. V6H 1B7, Canada；或传真至604-737-602。更多信息，更多网络请愿书，请登陆www.adbusters.org。

启动"第二次美国革命"的方法，就是惩戒世界最大公司罪犯之一——菲利普莫里斯——杀一儆百。利用电视，将该公司长久以来恐怖的犯罪史公之于众。然后，组织大规模抵制活动，拒不购买该公司生产的食物，并收集签名发起联合讼诉，持续施压，坚持不懈，直至纽约州总检察长取消该公司的特许经营权。

THE EVOLUTION OF MARKETING

Marketing: selling society on
an ever-expanding horizon of
products and services.

↓

Social Marketing: selling society
on a new set of ideas, lifestyles,
philosophies and worldviews.

↓

Negamarketing: urging society to
consume less electricity,
gasoline, energy, materials.

↓

Demarketing: unselling the consumer
society; turning the incredible
power of marketing against itself.

营销进化史

营销：以极度扩张的程度，向社会销售产品及服务。

社会营销：向社会销售新思想、新生活方式、新哲学、新世界观。

负营销：敦促社会减少电、气、能源、原材料的消费。

反营销：形成无消费者社会；利用营销本身的强大力量，以其人之道，还制其人之身。

反营销

（Demarketing Loops）

1999年，曼哈顿中城，某著名生活类杂志会议室内，一位年轻的编辑倾身向前，推了推他的高瑟牌眼镜，提出他的创意：

"四个字：'反营销潮'。"

同事的表情告诉他，他已经成功了一半。大家喜欢这个创意。再过一阵，他们会爱上这个想法的。

"是这样，"他解释说，"现在的世界已经到了令人难以置信的商业化程度，对吧？人们都有点疯狂了。他们买得太多，深陷其中，完全生活在地狱之中。现在，饱和点就要到了，人们以为一切浮华和炒作都会结束，以为那一天就快到了。那么，我们就可以对他们说，实际上，你们的第六感没错。有史以来第一次，营销不那么酷了，需索无度也不怎么酷。"

他喝一口培露矿泉水，继续说道。

"我们得做一做这个内容——不是一小段，而是一整套，四五个整版的样子，或许还能做上一整期。杂志一定大卖。"

"具体的方法是……"

"找一些不怎么商业化的人来，那些站在消费者主义对立面的人——反消费主义者，那些提倡简朴生活的偶像。然后围绕这些人展开故事，把他们变成明星。"

"不错……"

"比如说吧，生产燕麦片的桂格公司。我们可以找个真正的桂格人，就是盒子上某个人，做个采访之类。"

"真正的桂格人?"

"嗯,说白了就是桂格公司请来做广告的演员。"

"行,那还有谁?"

"温蒂修女。"

"那个修女艺术评论家?"

"是的,她非常非常酷。我们可以让她和艺术家塞·托姆布雷(CY Twombly)以及抽象画家朱利安·施纳贝尔(Julian Schnabel)一起出去逛逛,为他们拍拍照片。地点就选在钢琴大师施纳贝尔(Schnabel)家的池塘旁边。"

"还有呢?"

"特蕾莎修女。"

"她已经去世了。还有谁?"

"学习频道(The Learning Channel)上那些狡猾的孟诺教派。"

"还有?"

"拉尔夫·纳德(Ralph Nader,美国的用户第一主义者),给他拍张玛莎·斯图尔特(Martha Stewart,美国女性财富人物)式的照片,在瓦尔登湖畔,梭罗的小木屋前。"

"我们能找到梭罗原来的那间小木屋吗?"

"别担心。另建一个就是。除了我们,没人知道。"

反营销。这一理念就像是一个讽刺作品。之所以如此,或许是因为对大多数人来说,它听起来非常陌生。这个词语有一丝邪恶的味道。在我们看来,不论反营销是什么意义,它针对的对象一定不是美国。

广告和营销深植于美国文化之中,因此我们很难想象哪怕有一分钟的时间,目光所及之处没有广告和商标,也很难想象没有消费的生活方式和文化究竟是什么样。但实际上,营销时代的历史并不长,不过两代人的时间。反营销将为我们找回一丝清醒,将使消费者文化的潮流褪色,找回真实,找回消费主义成为第一世界新宗教之后人们失去的东西。

一次谈话中,一位朋友不满我的反营销哲学以及生命观。"卡勒,"他说,"你抱怨广告,抱怨媒体影响过大过坏。你满腹牢骚,说我们买得太多,自我管理得太少,又说公司正在摧毁美国。你说你想要一种完全不同的生活方式,想要革命。难道你真想在那样的世界生活吗?"

我请他说得再明确一些。

　　"难道你不知道正是这种你不能容忍的及时行乐的生活方式，才是美国人生活的乐趣所在？这样的生活是先辈赠予我们的遗产，也是我们为之抗争赢到手的东西。美国人之所以拥有世界上最高水平的生活条件，全是美国人自己赚来的。我们敢于承担风险，富有创造力，努力工作累死累活。所以，现在我就要想开快车，想把音乐开得震天响，想在自家庭院、游泳池里跟妻子做爱，想一边看《周一足球之夜》，一边在院子里烧烤汉堡肉。我可不想在做这些事的时候，还要听你说那些假装圣洁的异论。"

　　这位朋友刚从纽约回来，他把那里看作是美国的缩影，令人兴奋。"当然，纽约肯定有它的问题。那里太大、太吵、拥堵不堪。你可能会在中央公园踩到一支注射毒品的针头。哈林区乱得连出租车司机也不敢去。但是我敢打赌，如果你问大多数纽约人，他们肯定会告诉你，除了纽约他们哪儿也不想待。如果你硬给纽约消毒，纽约就不再是纽约了，它可能是巴尔的摩；如果你硬给美国消毒，美国也不再是美国了，它可能是瑞典或是加拿大。如果真变成那样，生命也就没有什么意义了。"

　　"你没明白我的意思，"我告诉他，"我不是想给美国消毒。我所推崇的世界也不是某个没有味道的地方。不论从哪个角度来说，它都比你的这个世界更疯狂、更有趣。电视上展开文化战，而不是收视率之战。社会会变得非常民主——由公民指挥政府，公司该干吗不该干吗都很清楚。市民有权利自行决定什么是'酷'，而不是俯在公司身边汲取乳汁，浑浑噩噩地过日子。那个世界里，生活是灵动的，人们与地球心相连，了解它，关心它，而且能以一种体面的方式把它留给我们的孩子。"

　　"我想说的是，美国梦现在不再适合美国人了，让我们面对现实，创立一个新的梦想吧。"

　　我注意到，在我发言的时候，这位朋友翻了好几次白眼。从许多角度来看，他都是一个典型的北美人——雄心壮志、好胜心切、功成名就。如果他能说服我，说自己真的快乐幸福有活力，即使我仍有我的坚持，但或许会让步，承认他的生活方式对他来说非常好。可是，我看不到他真正的快乐幸福。只要还有思想，每一位追求超大码的美国生活方式的人或多或少都会产生负罪感。这位朋友的生活中，一定有许多不能外扬的麻烦，不论藏得有多深，他都不可能忽视它。他把我看作一个满腹牢骚的激进派，故意对美国不敬；我把他看作一个被锁在高收入牢笼中的人，即使世界正在身边崩塌，他也无动于衷，以为一切顺利，能拿什么就拿什么。我只确定一件事，那就是，他的那种超级消费主义生活方式，现在再也不酷了，旧式的美国梦即将死去，变革即将来临。

反营销美国梦的秘诀之一在于，在公众的想象中，用一种更富魅力的梦想，异化（détourning）原有的那一个。比富有更棒的是什么？自然、真实、鲜活。

新式美国梦是一种使生活全力以赴的简单的梦想。这个美国梦中没有过多恐惧和自我批判，人人全力以赴追求快乐与新奇。情境主义者把这种动力称作"带来顽皮创造力的意志力"。他们相信，这种动力将继续发展壮大，变成"人类关系中一切所知的形式"。任何人的活力，都不如一个敢于自由即兴表演的人，正因为如此，最棒的喜剧脱口秀节目总是钟爱爱诘问的人，最棒的主人总是欢迎意料之外的宾客，最令人兴奋的政治家总是喜欢在电视直播时扔掉发言稿、即兴发挥。再没有更好的方式可以帮助你发现内心的力量了。它是新式美国梦的全部意义所在，也是文化干扰者的追求和渴望。我们渴望成为，用小说家雷·布莱伯利（Ray Bradbury）的话来说就是"跳下悬崖，在下落的过程中长出翅膀"的人。

让消费主义魅力不再

从最基本的层面上看，反营销就是零购买，用反消费主义的生活方式快速取代营销。只要什么都不买，你就不会陷入消费者文化中。只要未陷入消费者文化，公司就失去了控制你的筹码。

越来越多的人拥抱这一理念，将它视作人生的信念。他们冷眼看待这个国家的生活方式，决定换一个方式生活。不知什么时候开始，未来学家费斯·帕帕考恩（Faith Popcorn）[18]创造了一个新词"现金支出（cashing out）"，演员雪莉·斯特瑞费尔(Sherry Stringfield)从电视剧《急诊室（E.R.）》中走开，重新寻求生活的真义，或者说，重新寻求闲暇时光和爱人。慢活运动开始。现在，成千上万的美国人把自己的生活方式称作"自求简朴"生活，该称呼得名于度安·艾尔金（Duane Elgin）[19]1981年的同名小说。许多慢活派"回游者"离开高效高薪的工作，就为了把更多的时间留给家人、朋友、社区和有意义的工作。还

BUY NOTHING DAY
30-SECOND TV SPOT

Voice:
"The average North American consumes five times more than a Mexican . . .

. . . ten times more than a Chinese person and thirty times more than a person in India.

We are the most voracious consumers in the world... a world that could die because of the way we North Americans live.

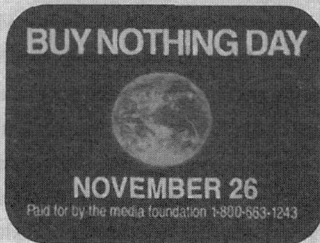

Give it a rest. November 26 is *Buy Nothing Day.*"

零购买日（30秒电视广告）
（媒体基金会付费）
配音：北美人均消费高于墨西哥人的五倍……
高于中国人十倍、印度人三十倍
我们是世界上最疯狂的消费者……世界可能因北美人的生活方式走向死亡
给世界喘息之机。11月26日，零购买日

有一些曾经的工资奴隶突然决定改善生活方式，像薇琪·鲁宾（Vicki Robin）及乔·杜明桂(Joe Dominguez)[20]在他们的合著作品《富足人生（Your Money or Your Life）》中说到的一样，找到"快乐与物质的比率"。离开原来的疯狂生活，回游者用行动宣誓。他们离开原有贪得无厌、世俗的文化，因为那种文化让最理智的灵魂也不得不漂流。工作太多、混乱太多、预想与结果的落差太大、投资与回报的差距太大、头脑与心灵的距离太远，慢活者的总结是，比积累财富更高的目标，就是关注一种文化，这种文化就是亚历山大·索尔仁尼琴（Alexander Solzhenitsyn）所说的："非物质生活的发展、丰富与改进"。直觉让他们明白所有的数据的意义：从总体水平上说，美国生活的满意率在1957年到达高峰，[21]除极少数例外，这种满意率从此后开始逐步下降。

我们听说了许多戏剧性的慢活故事：一位收入高达8位数的职业债券经纪人，某天等着擦皮鞋的时候，顺手抄起一份《吝啬鬼公报（The Tightwad Gazette》（另名《绿色生活Living Green》），上面写到"简单生活，一切都将简单"。他顿悟，于是跳出现代社会激烈的竞争，逃到乡村喂猪写侦探小说。但是，这种巨大的改变毕竟只是少数。

事实上，许多人崇尚慢活实属无奈之举。他们先是丢了工作，但是"慢活"最终被证明是他们最好的选择。朱丽叶·朔尔（Juliet B Schor）[22]曾在《超支的美国（The Overspent American）》一书中提到一位名叫爱丽丝·克莱恩的女孩儿。克莱恩曾是某高端时尚公司的营销总监。被解雇以后，她曾有机会继续高薪的全职工作，但她坚持自己的原则：首要条件之一，每周只工作四天。因为对她来说，每个星期五的早晨穿着拖鞋闲晃的自由，是一笔无价之宝。克莱恩这样的慢活者，坚持对三件事的承诺：更多时间、更少压力、更加平衡。慢活主义的本质就是一种非资本主义。据我所知，只有一家广告公司曾试图推销这一理念。许多年前，在一支为摩门教打的电视广告里，一个小男孩志忐地走向某个会议室，当时会议室正在召开董事会，一桌子男人西装革履。小男孩慢吞吞地走向那个主事的家伙，看着他说："爸爸，时间真的就是金钱吗？"整个房间陷入一片沉默。男孩的父亲看着他，回答道："当然了，吉米。为什么这么问呢？"于是男孩把他的小猪扑满放在桌上，"行，那我想买一些你的时间，晚饭后陪我玩会儿球。"

从目前的描述来看，文化干扰者和慢活回游者有着天壤之别。文化干扰者的目标，不只是把自己弄下这个消费者跑步机，为孩子留出更多的时间。他们不认同社会，是因为强烈的直觉告诉他们，美国文化已经错得让人愤怒，他们没办法继续在这样的文化中生活了。旧式美国梦的贪得无厌让文化干扰者恶心，让他们失去活力。对干扰者来说，慢活不只是一种调节生活节奏的方式，事实上，它是对一种疯狂文化的蔑视反抗，是一场彻底改变美国生活方式的革命前奏。

在《小的就是好的，越小越好（Small is Beautiful）》这本慢活理念的圣经中，舒马赫（E.F. Schumacher）[23]为生活打造了一个精巧理智的样板。他说生命的意义是"用最少的消费实现最大的幸福。"这一理念既深奥又简单，它或许会成为二十一世纪的信条和潮流。它适用于文化涉及的各个领域，从食品到汽车再到时尚。"明明用未经裁剪的材料巧手一动就能达到完美的效果，偏要用复杂的裁剪代替……这或许就是愚人才能达到的高度。" 舒马赫写道。因此推理，骑自行车比开着宝马吹着宝调闲逛酷；穿件普通白色T恤比穿一百二十五美元一件的品牌高尔夫球衫酷。这些酷都很真实，而真正的潮人，早就知道这一切。

让快餐魅力不再

买食物吃东西，这种行为同任何消费活动一样，有其政治甚至道德含义。"我们对食物所作的任一决定，都是为梦想的世界所投的一票。"法兰西斯·莫尔·拉彼（Frances M. Lappé）[24]在她的经典著作——《一座小行星的饮食（Diet for a Small Planet）》一书中写道。每买一罐可乐或一个卡车运来的智利油桃，都是对跨国食物连锁所作的回应，我们不能忽略这一行为。

即使谨慎行事——条件允许的情况下注意吃的东西是什么，看看是买麦氏威尔咖啡（菲利普莫里斯公司旗下产品）还是雀巢咖啡，或是直接买苏门答腊产的咖啡豆——但是，只要一进超市，人们还是不免上当受骗。因为我们允许自己的饮食习惯被跨国农业综合企业影响塑造。在高度集中的食品行业，"阿彻丹尼尔斯米德兰（Archer Daniels Midland）"公司（"面向世界的超市"）、嘉吉（Cargill）公司（世界上最大的的农业综合企业）、菲利普莫里斯公司旗下产品（世界上最大的食品公司之一），它们的喜恶决定了我们的选择。

食品公司是强大的敌人，因为它们的许多所作所为都是无形的。它

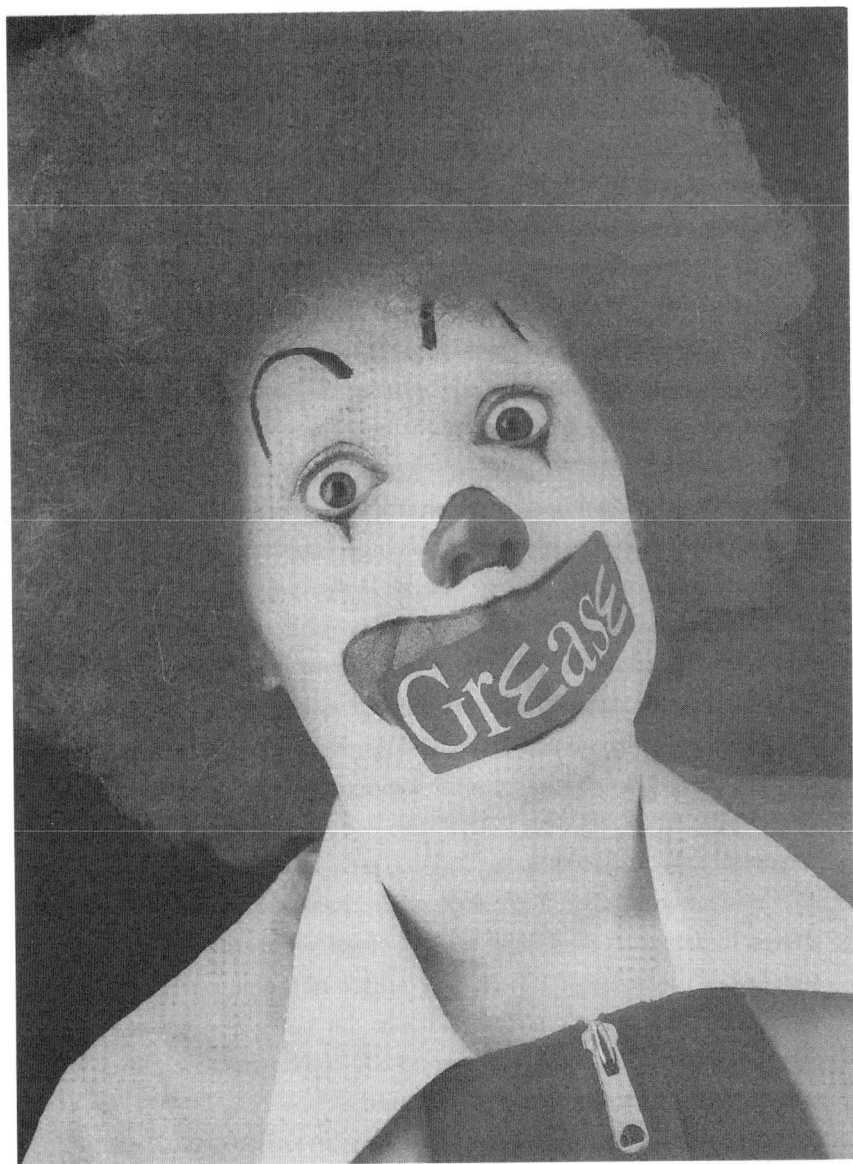

增长

们所做的事情之一，就是切断我们与食品来源的关系，这一理念被它们叫做"距离化"。

"距离化"让人讨厌，却不应该让人感到惊讶。正如布鲁斯特·全（Brewster Kneen）[25]《无形的巨人（Invisible Giant）》一书的作者所说的一样，从奶瓶被插进嘴巴的那一刻起，我们就与妈妈的乳房有了"距离"。从那一刻起，公司介入生活，涌现大量加工的"幼儿"食品、婴儿食品，这些食物中添加了大量的盐、糖及化学物质。因此，长大以后，我们变成疯狂的消费者，追着肯德基、必胜客和百事（三个品牌属于同一个公司）转。最终，我们发现，自己正不停地参与"距离化"活动。例如，食用转基因西红柿，而这个西红柿的"植物母体"压根儿不存在。

在美国，食物最终被端上餐桌前，[26]这些食物平均每磅需要走过一千三百英里的旅途。这样的旅途既无效率，也对可持续发展有害无益。食物的反营销应当做到缩短食材与饭桌之间的距离。这就意味着人们需要放弃快餐食品和超市食物，重归农贸市场和家庭厨房的怀抱；这还意味着人们要远离大棚西红柿，走向本地蔬菜供应商，并最终，如果可能的话，打造自己的菜园。如果你对这次旅程有些兴趣，那么，这些决定将改变你的生活。

人们承担的义务包括，一点一点地，将食品跨国公司从我们的生活中踢开。有时，你想从一段灾难性的却极具吸引力的人际关系中逃开，于是采取行动，这与我上述描写的行为并没有什么太大的不同。每一次改变主意放弃麦当劳；每一次自制柠檬水放弃可乐；每一次把麦氏威尔咖啡放回货架……自由之钟已被你敲响。

一旦人们踊跃参与以上的反营销行动，从自己做起，从每天做起，"夹钳"战略就开始奏效。夹在钳子里的武器，是一系列搞笑速食品和垃圾食品的电台电视节目。自上而下、自下而上——双管其下，"夹钳"将改变整个美国、甚至整个世界的饮食方式。

垃圾食品是电视广告中最常见的产品，因此享有极高的曝光度和知名度。今天，食品干扰者利用禁烟活动家的方法，即二十世纪七十年代与烟草公司纠缠不休的方法，对付食品企业。他们试图"污染"垃圾食品在公众心目中的形象。每一次的反垃圾食品广告的上映，都是一次Meme的复制。这类广告有，"注意：巨无霸汉堡，50%以上的卡路里来自脂肪。"[27] 每一次电视上出现这类非商业的广告，攻击食品企业，这些品牌魅力或多或少都会受到影响。

假如有一天，一辆满载青少年的汽车从麦当劳的金色拱门前经过，几乎每个孩子都想停下来去里面吃点东西。但是其中一个孩子受到前一天晚上看的电视节目的影响，对麦当劳不怎么感冒，他笑着调侃那些站在900度高温的炸烤炉旁的麦当劳员工，说他们头上戴的帽子搞笑至极，薪水也不多。他还说："我终于知道自己为什么不去贩毒了，哈哈，这些人可真提醒了我！"听到这话，他的朋友们咯咯地笑成一团。或许那一天，他们仍会停在麦当劳门口吃那餐饭，但是，至少从那一刻开始，他们用全新的眼光看待麦当劳。新的文化基因就这样被种了下来。

在这场营养大战中，有什么东西正悄悄地发生变化。人们重新开始思考自己的食物及其来源。有种观念渐渐流行起来，那就是，人人都应当有一位专属农夫。正如从前我们需要私人医生、私人律师、私人牙医，现在人人都想有一个值得信赖的人，专为家人提供健康、安全、美味的农产品。另外，本地农贸市场上销售的本地产品（而且只是本地产品）也受到广泛欢迎。还有，社区开始推行"盒子计划"，把一篮篮一盒盒的新鲜蔬菜水果——只要是应季的产品——直接从当地农场直接送到消费者的家门口。据新食品预言家所说，大型市场出售的"神奇面包（Wonder Bread）"将不再流行，取而代之的，是社区自产自销的农业文化。我们要打倒一切鼓励利用生物工程、现代工业及辐射制造食物的政策法规。这些手段对人体有百害而无一利，对农业综合企业倒是有百利而无一害。美味万岁！营养万岁！本地食品万岁！

让CK魅力不再

当时尚及化妆品将人们的外表当做可再生的、可再创造的商品进行营销时，人类已不再是人类。我们是可以利用的物品，用完即丢。广告符号学把这种情况称作"切割（cut）"。年轻女性一旦感觉自己真实的魅力不在，就变得非常没有安全感。她们要么变成悍妇，要么，反之，开始每周五晚上待在家里，写些悲伤的诗歌咏唱内心的黑暗。同样的，年轻男士不论魅力消失或是魅力大增，都会变得毫无安全感；他们愤怒好斗，想干什么干什么。

在过去的十五年里，从未有任何公司像CK一样将"性"商业化，在这一过程中，它残酷地改变了人们对性和自己价值的理解。而Calvin Klein本人，那个走在最前端的人，就是我们的"先锋人物"。人们认为是他创造了全新的广告策略，将时尚广告从杂志中解放出来，转而登上户外广告牌或是公交车卡；是他吹响了号角，迎来了商业裸体的时代。

大多数人还记得1995年他制作的那支广告：年轻的模特们在一支镶着艳俗木地板的地下室拍摄广告，一个成年男子在旁边进行指导。整个广告散发出一股色情的味道，就像老鹰正要捕食小鸡。《广告时代（Advertising Age）》的鲍勃·加菲尔德（Bob Garfield）把这支广告称作"电视历史上最令人不安的广告"[28]。广告中的场景深深地触动了公众的情感，他们要求美国司法部门介入调查，查证那些模特是否为未成年人，或是这支广告有无触犯儿童色情相关法律。

我看着那些广告，愤怒之情油然而生。这种东西简直是对人的公开侮辱，它比"斯金纳箱（Skinner-box）"的行为主义更糟糕。CK公司的所作所为不仅是为了改变年轻人对牛仔裤的选择，他还将人的意识带入了地下室，在那里，年轻的生命被染上了色情的特征。

我可以想象，Klein先生搓着双手，欢欣雀跃。在那里，他将人性中最后的禁忌暴露于众目睽睽之下，引来众人的关注与争议。从营销角度来看，他取得了"双赢"，争议越大，效果越好。

想象一下，把CK这个品牌想象成一个男人——Calvin Klein，那么，我们是否会对他做生意的方法有别样的感觉？想象一下，Calvin Klein对你的十多岁的女儿很感兴趣，你看见他跟她调情，他向她求欢，拉下她裤子上的拉链，他触摸她，和她做爱，最后把她变成妓女。为了自己的利益，他让她堕落，让她丧失原有的吸引力。然后，等她的价值被榨得一干二净之后，他甩了她。

如果你发现有人这么对待你的女儿，肯定会叫上一大群大汉，给那个狗娘养的好看。那么，即使不是Calvin本人，换作CK广告，从结果来看，又有多大的不同呢？从心理的角度上来说，洞就是洞，不论是用钻子钻的，还是用水滴出来的，洞就是洞！

身体反营销的第一步，就是认清没有自信的症结之所在。不需要责怪自己——明白这一点尤为重要。身体形象扭曲、饮食失调、减肥、运动上瘾——这些都是典型的个人问题。不断利用药物达成目标，或是晚餐后一个人偷偷躲起来呕吐，一切的一切是我们的责任，却不是我们的

OBSESSION FETISH
A 30-SECOND TV SPOT

A collage of cool, sexy, eerily familiar fashion images, complete with hip music and quick jump cuts.

Close-up on model.
Voice: "Why do nine out of ten women feel dissatisfied with some aspect of their own bodies?"

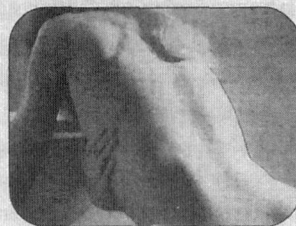

The model vomits into the toilet.

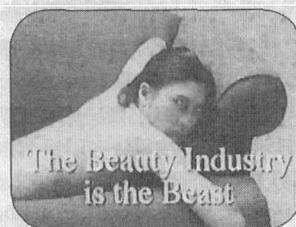

Voice: "The beauty industry is the beast."

MEME WARFARE TONIGHT 1-800-663-1243

恋物癖（20秒电视广告）

一组酷、性感、奇怪地雷同的潮流人物，配嘻哈音乐、画面迅速跳页模特的特写镜头。配音：为什么十分之九的女性对身体形象不满意？"

模特在浴室呕吐

配音：美容业是妖魔

今夜的文化基因战，1-800-663-1243

错。这个问题，主要是一个文化问题，是公司的问题。这才是我们需要抓住的中心点。我们必须学会不将怒火指向自己，而是将它指向美容行业。

如此强大的时尚业会失去魅力吗？从某种意义上说，正是由于它完全依赖时尚和潮流，这个行业其实格外脆弱。以一个公司为目标——特别是以某个人为目标——将是最好的开始。大量减少CK的销量将成功引发"赢回身体"的伟大革命。使用CK魅力不再，就是使整个时尚业经历一场震动；它将使各大卖场的化妆品公司惊恐不休，尽管这个行业现在正占有最大份额的消费群体，拥有最高的利润；它将影响女性杂志，这类杂志创造的大量利润，在于它致力于劝服女性，让她们自认是性机器。更重要的是，它将传达一条强有力的信息，那就是——露天表演已经结束，从现在开始，"美丽"二字，不再由诸如Klein先生一类的人或是任何别的"先生"来定义。

干扰者的最佳战略是，将反时尚的Meme（文化基因）根植于流行电视节目之中，如CNN的《流行登陆(Style with Elsa Klensch)》节目，或是加拿大的仿制品《时装档案（Fashion File）》。每次向三大电视公司或CNN介绍我们的《恋物癖（Obsession Fetish）》节目时，我都能听到负责人话语中流露出的恐惧。这些人只能不停地歪曲事实，试图说明不能向我们出售广告时段的原因；他们知道，只要播放我们的广告，CK也好，整个时尚业也好，都会大幅削减广告开支。总之，时尚业已经开始引起许多人的蔑视，唯一让这个气泡悬浮在空中的原因，就是女性杂志及电视电影上十数亿的广告开支。只要赢得法律保护，买到广告时段，并通过电视挑战这一行业，终有一天，这个气泡会直接爆掉。然后，就该CK或是这个行业感觉不安了。

让汽车魅力不再

文化干扰者现在把汽车行业看作是又一个低俗行业。我们希望割断人与车之间的亲密联系，就像割断人与香烟之间的亲密联系一样。我们希望汽车业负责人就像当年的烟草商一样压力重重、痛苦不安。我们希望，当他们需要看着自己孩子的眼睛，并向孩子们解释自己究竟以何为生时，苦口难开。

抵制私家车的活动已经展开。在旧金山，成千上万自行车人士骑车到滨海高速公路上堵塞交通；几个人举着前市长勃朗的巨幅画像，这位市长曾给骑自行车的人贴上"恐怖分子"的标签。在奥勒冈州波特兰市，市政府试验性地开展阿姆斯特丹式的免费自行车制度，市民可在市中心多个地点借、还自行车。在加拿大，干扰者播出反私家车广告，打破了五十年来汽车行业对电视广告的垄断。

在第一世界国家，要求在都市主干道增加自行车道的呼声越来越高。许多知名建筑师和规划师加入辩论，[29]抒发了在下个世纪建立生态友好城市的美好愿景。一些大型石油公司，包括英国石油公司，最终承担起全球气候变暖应负的责任，承诺投入资金，研发更清洁的石油产品。整个世界范围内，六家公司竞相开发研制商用燃料活细胞，该产品既可帮助提升汽车速度，又可以减少附加有害物的出现。美国世界观察研究所（Worldwatch Institute）研究员赛斯·邓恩（Seth Dunn）把现在发生的一切比作圆满的回归，它将在下一个世纪，使世界回归到"无引擎的交通时代"。

但是，从战略角度来说，要做的事还有很多。

与其他任何产品相比，汽车更多地代表了对"真实成本"市场的需求，因为汽车售价应当反映出整个生产使用环节的成本，首先应当是生产费用加上涨幅，再加油、气及保险的总和，除此之外，它还应包含污染、建设及维护道路、车祸带来的医疗支出、噪音及城市无计划扩展带来的审美下降应付的代价，以及交通政策及为保护油田和运输管道带来的武装开支。

同时，汽车的真实成本还必须包括，下一代人为了处理由今天的汽车带来的石油及臭氧耗竭，以及气候变化问题，所付出的真实却又难以估计的环保代价。最合理的估算结果是：每一年，这些以燃料为基础的顽固不化的汽车行业，都在从未出世的后代手中，接过数千亿美元的资助。为什么后代要为我们的混乱买单？

在未来的真实成本交易市场上，没人阻止你开车，只不过要求你支付真实成本价，然后才能有权驾驶你的这堆金属，每年排出一吨碳。私家汽车将会花去你[30]——据保守估计——每辆十万美元，另加每箱汽油二百五十美元。

我们将用十年的时间缓慢走向真实成本驾驶（全球汽车制造商完全有时间制订远期计划），它将迫使人们找到新的方法应付一切。当大部分人负担不了私家车的时候，对公共交通——如单轨列车、动车、地铁以及电车——的需求将大幅增加。汽车制造商将设计出对生态友好的替代品：循环利用自有能量的汽车、人力或燃料混合动力汽车、轻量级太阳能汽车。市民会需要更多的自行车道、人行道以及市中心的无车步行区。都市规划的变革也将随之到来。

在五年左右的转型期内，私家车带来的问题，将比其本身的价值还要大。人们喜欢更加平静的生活方式，并享受城市里新的心灵地图。那些仍开着车在城里转悠，并排放碳气的有钱车主们，将成为众人嘲弄的对象。

从许多方面来看，真实成本市场计划是实现反营销的多功能终极武器。每一次购买都是一次反营销，每一笔交易都将惩恶（产品）扬善。干扰者们预想构建一个全球的真实成本市场，这样，每一件产品的价格都能体现其真实成本。一包香烟的价格可能包括相应的医务治疗所带来的负担；一个鳄梨的价格可能反映出几千米的运费成本；核能的成本（如果人类确实能负担得起的话）将包括好几千万年来地壳储存放射性废弃物的成本。

真实成本是一个简单却有力的方法，它是在一个相对无政治影响的氛围中，重新设计全球经济的基本动机。保守党喜欢这个主意，因为它是自由市场哲学的逻辑延伸。激进党喜欢它，是因为它为他们提供了一个实现理想的全新功能：即计算产品的真实成本，征收生态税，并在长时间内管理生态经济事务。环保主义者喜欢这个方法，是因为，它或许是我们一生中实现可持续性发展的唯一方法。

让景观魅力不再

反营销战略及真实成本经济，是实现文化干扰革命的metameme（变化基因）。它们听起来野心勃勃，但每一步简单明了。用系统的社会营销活动，从个人层面开展革命，并逐步扩大范围。首先是反营销身体、精神、子女，然后加入志同道合的干扰者组织，一起对整个体制展开反营销。我们追逐原有的社会文化仪式（这些仪式在商业力量的扭曲下，现已变得面目全非），然后努力重拾其真义。母亲节、复活节、万圣节、感恩节、圣诞节……一切都已时机成熟，只待反营销。我们相信，一切都可以回炉再造。

到那时，学生坚持拥有无广告的学习环境。选民要求用市政厅等召

Nothing™
What you've been looking for

Nothing（品牌）
你在看什么？

开的电视会议取代竞选广告，这样候选人就能直面选民。运动员拒绝为不道德的公司代言。球迷们要求体育馆用他们的英雄的名字而不是公司名称命名。记者保证不再写社论式广告。艺术家、作家、电影制片人的工作不单是为了产品，还为了社会。家庭成员从自家花园里拿到食材。社区、邻居、朋友，就是他们的"解药"。

我们将彻底颠覆整个体系。反营销新闻、反营销娱乐、反营销生活方式和欲望，最终，甚至反营销我们的梦。

TV RATE CARD

Typical rates for a 30-second timeslot:

Super Bowl (national)	$1,500,000
CBS Evening News (national)	$55,000
MTV (national)	$4,100
CNN Headline News (national)	$3,000
Late evening news (local)	$750
Saturday morning cartoons (local)	$450
Late night movies (local)	$100

Call your local stations for exact rates.

电视台价目表
三十秒节目价格

美国橄榄球超级杯大赛（全国）	$1 500 000
CBS晚间新闻 （全国）	$55 000
音乐电视（全国）	$4 100
CNN热点新闻（全国）	$3 000
夜间新闻（地方台）	$750
周六 早间动画片（地方台）	$450
午夜电影（地方台）	$100

详细价目，以当地电视台为准

媒体宪章 [31]

（Media Carta）

"自由"，一直是西方文明最强大的文化演变。自由公民的理念孕育于古希腊的"民主"观。自出生之日起，它不断发展演化，《英国大宪章（Magna Carta）》使"自由"有了重量，有了表演的舞台。当这一文化传播至新世界时，奴隶制结束了；再然后，普选制诞生，"人人平等"这一梦想在人们心中深深扎根。

"自由"是人类意识不断觉醒的结果。我们已经接受一个简单的真理，那就是，"压迫"决无长久之日。人类决不在他人的指手画脚中生活。我们用尽一切办法，将命运掌握在自己手中。

自由的中心思想，是与他人谈话的自由，即交流的自由。它和古希腊的历史一样古老，因为古希腊人认为公民有权发表自己的意见。当世界上第一个大众传媒工具——印刷机——出现时，显然，"自由思想"的理念已不足以捍卫言论自由（当"古腾堡印刷机"革命家试图向国王和主教们表达个人思想时，他们受到政府的严格审查，而后被无情镇压）。

1789年的《法国人权和公民权利宣言（French Declaration of the Rights of Man and of the Citizen）》第十一条称"自由交流的权利是人类最珍贵的权力之一"，自此以后，信息自由原则就被记入各个国家和地区的人权宣言及公约。

1979年的《美洲人权公约（American Convention on Human Rights）》第十三条上有这样的条款，"表达权不受间接方式的限制，如滥用政府或私人权利控制报纸、电台广播……或任何意在阻碍思想意识交流及循环的其他方式。"

1948年12月10日，信息自由权被记入《世界人权宣言（Universal Declaration of Human Rights）》，其中第十九条明确指出："人人享有……自由思考及表达的权利；这项权利包括……通过各种媒体寻求、接受和传递各种消息和思想的自由，而不论国界。"

《世界人权宣言》签署的半个世纪之后，公民接受的信息量，早已到达使人麻木的程度。几百种报纸杂志唾手可得；五百多家（据保守估计）电视台全球播映；CNN全天二十四小时在世界范围直播；数字革命爆发后，网络数量呈指数级上升。人们或许会说，在此种氛围下，人类多年来为争取思想、表达及言论自由权利的斗争终可结束。

遗憾的是，事实并非如此。

在过去的二十年间，一个空前强大的存在阻碍了民主及言论自由的权利，这个存在就是"全球通信垄断组织"。世界范围的信息流动现被控制在一个个规模越来越大的跨国传媒公司手中。在这其中，又有几个超级公司，包括：电信公司（T.C.I）、时代华纳公司、迪斯尼公司、贝塔斯曼公司、通用电气公司、维亚姆康公司以及鲁珀特·默多克的新闻集团。这些组织之所以力量强大，[32] 是因为它们采取垂直统一管理模式。他们可以独立完成一部影片的制作，在部分持股或独资所有的连锁电影院上映，利用自己的电视网络进行推广，在自己的电台进行广播，并在自己的主题公园销售附属产品。这个垂直管理链的任何一环，都是生产致富的一环。财富就在它们的指挥下不停旋转、不断积累。电影首先变成小说、单曲，而后被改编为电视剧、游戏或主题旅程。传媒巨人们用各种各样的方法为人们制造永无止境的社会景观，将它培育养大，为它按摩，使公众不断与它共鸣。除了少数几个幸存的领域外（公共电视频道、私人电台、电子杂志、非完全开发的网络），超级传媒公司几乎已将全球意识世界殖民化，并把它逐渐变成一个主题公园——一个欢乐的、同质化的大脑里的拉斯维加斯。

在这样的精神环境中，言论自由权又有什么意义？

作为一个个体，如果你不喜欢某支广告，不喜欢某个电视暴力镜头，不喜欢本地电视台播报新闻的方式，不喜欢公司或政府操纵公众行为的方式，你能做些什么呢？嗯……你可以给本地报纸的编辑写信，可以打进电台谈话节目，可以向广告行业协会投诉，例如，"美国广告代理商协会"或"加拿大广告协会"。你可以给电视台打电话，也可以跟传媒监视机构发发脾气，如"联邦通信委员会"或"加拿大广播电视委员会"。如果你怒火冲天却仍有一丝理智，你可以参加联邦通信委员会听证会，争取撤消某电视放映许可证。当然，你也可以做一名媒体制作人，写自己的剧本，争取用自己的记录片打破现有的信息链。如果你家境殷实，可以自己投资开公司拍记录片。如果你非常富有，可以买下一家电视台。如果你富可敌国，可以建立传媒帝国。每一次参与，都将带你攀上我们称之为"真理之梯"的更上一级。可是，事实上，只有极小一部分人登上梯子顶部。

从较低的几级梯子上看去，我们的民主制度似乎运作良好。报纸上登载着无数封写给编者的信，电台谈话节目针对每天的热点问题展开辩论，媒体及广告监管机构每年处理成百件投诉案。但是，怎样才能登上更高的几级阶梯，让自己的声音被高层的公众听到呢？

戴维·格罗斯曼（David Grossman）[33]对此有许多想法。作为一名前美国陆军军官及普利策奖提名作品《关于谋杀：学习在战争和社会谋杀的心理成本On killing：The Psychological Cost of Learning to Kill in War and Society》的作者，他把电视节目及真实世界中的犯罪明明白白地联系到一起，这无疑是一次个人革命。超过二百次研究表明，两者之间有无可辩驳的因果关系。"美国医疗协会（American Medical Association）"到"美国军医署（Surgeon General's Office）"，每一个权威机构都已接受这一结论。但是，不知为何，这个消息躲过了大多数美国家人的眼睛耳朵。如果他们能够意识到电视暴力对孩子的影响，就不会对孩子们或自己的电视习惯如此漫不经心，格罗斯曼推测。

这些人不够警惕，是因为权利过大、遥不可及的信息传递系统不会播映这条消息。尽管格罗斯曼曾数次接触那些过度热情的电视制作人，电视网络上却从未出现任何关于他或电视犯罪关系的节目，只有CNBC曾让他上过电视，但是只有短短的二十秒。"每每有机会向前一步，就被扼杀了。"[34]他平静地说。格罗斯曼曾在阿肯色州的琼斯博罗住过一阵，那段时间，刚好一名学生持枪进入校园，疯狂扫射。作为一名刺杀活动的心理分析专家，格罗斯曼被媒体团团包围，多家电际电台和报社对他进行了采访，十多家电视制作人主动与他联系，但是，到最后，他的镜头从未出现过。"一旦电视广播公司了解清楚我的立场，即时刻准备把电视作为导致这场悲剧上演的罪犯，他们立即抽身，毫不犹豫，决不迟疑，"[35]格罗斯曼说，"阻力大得惊人。"

然后怎么做？如果没办法接近报信人，怎样才能获得信息？格罗斯曼的长线进攻战略主要包括以下三点：教育、立法、起诉。首先，利用除了电视之外的一切方式进行学习，"直到怒气排山倒海地袭来"，等到发现某条已经引起轰动的新闻在电视上难寻踪迹时，游说立法机构，对广播条款进行修订，或给联邦通信委员来次大换血。然后，对这个行业提起诉讼，指控其带来的各种伤害。这种诉讼与当年针对烟草行业的诉讼并无二致。"广播公司或许非常强大，[36]它们能买通候选人、影响竞选，但它们不可能买通十二位陪审员中的每一位。只要有一位陪审员认为证据无懈可击，我们就胜利了。"格罗斯曼想象说，因为某热点事件，如琼斯博罗校园枪击案，一群受害者团结一致，发起了一场备受关注的行动。"不论是枪击者还是受害者的父母，[37]都有一个共同的观点，那就是电视广播公司就是罪犯之一。然后，我们就能让它们悬崖勒马。"

格罗斯曼的事例证明，任何一位有责任心的个人，都能攀上梯子的顶端，可是，他的困境也告诉大家，大众媒体缺乏应有的民主。电视暴力并不是广播公司唯一不可触碰的禁忌。想想电视上瘾症，事实可以证明，它已是目前北美地区的头号精神疾病之一。再想想第一世界国家富裕人们的过度消费行为。上一次你看到这类题材的电视节目是什么时候？又或者，上一次看到市民自己制作的公益广告是什么时候？

重点是：普通市民的观点、表达及关注已经不再重要，文化不再是由底层人民创造，它被公司控制，自上而下向市民肆意灌输。在目前的状况下，真正的辩论绝无可能展开，真正的民主绝无可能实现，真正的改变绝无可能发生。

"媒体宪章"运动旨在进行媒体改革，将文化权交还给公民，即重新改造广播电视及我们的精神环境，让公民讲自己的故事，让他们再次学会彼此交谈。

我们偶尔可以瞥见一角，感受改革后可能出现的运作方式。1996年12月，一场百年不遇的雪灾袭击了太平洋西北地区。在不列颠哥伦比亚省维多利亚市——加拿大气候最温和的地区（想象一下，西雅图的降雨时间超过全年一半）——五英尺深的暴雪突然降临。这个城市立即瘫痪，陷入死寂之中。对于这场雪灾，维多利亚市就像当年希腊面对特洛伊之战时一样，毫无防备。城里只有两台扫雪机。几天以后，车辆仍动弹不得，人们只能困在家中。因为雇员没办法上班，商铺只好关门。有些勇士冒险外出，用雪橇把供给带回家。从本质上讲，这座拥有30万人口的城市不得已回到了工业革命前。

我在这里谈到这个故事，是因为有一个绝妙的传媒故事从雪灾中破茧而生。当时，有一个叫做CFAX的本地电台发挥了公共电台的民主特性，成为电台另一潜在用途被善加利用的典范。这一潜在用途，早已被人们遗忘。

两位CFAX的员工，雪灾时碰巧待在电台大楼，孤立无援。他们决定启用一种发送紧急信息的丛林电报。任何市民，只要能克服困难到达电台，就能把自己在外部所见的通过广播的形式告诉全市人民：高速路边的一个温室亟需帮助；一对老夫妇困在潘多拉大道，身陷图圄；芬伍德（Fernwood）地区的某个家庭收留了二十四位开车出行的人，现已断粮。

很快地，人人知道CFAX（还有因特网）是发布信息的平台，每一个市民都是电台的耳目。它播出的每一条新闻，都对某人有重大意义。从更广义的范畴来说，它每播一次节目，都在为公众利益服务。

许多维多利亚人不禁想到，这或许就是世界本应有的模样。或许，电台里普通民众的声音不够专业，但他们清清楚楚地讲述着事实。他们不会因为商业原因肆意宣传某个故事。他们的新闻只讲不卖。市民做出回应，在雪灾中孤立起来的个体不再孤单。佛学上称此为"悟"。

CFAX案例显然只是个案，从国家范围来看，这种模式无法重复，人们也不想重复。但是，它的本质与我们所说的改造社会毫无二致。在那场雪灾之中，尽管时间短暂，但是，因为媒体发挥了应有的作用，因为普通市民真正实现了自我价值和平等，维多利亚人前所未有地团结在一起。我不知道，当冰雪融化、生活回归正常，当商业气息重回电台之后，这些人是否会用别样的眼光看待新闻广播，看待媒体。我不知道，他们之中是否有人会想，在发展的分岔口上，如果他们另选一条道路，我们的大众媒体本应成为CFAX的模样。

我把CFAX的故事告诉一位朋友，他不怎么支持我的想法。他问："你的重点是什么？"

"我的重点是，我们需要找到一种方法，让人们可以在无商业影响的情况下通过电台电视自由沟通。"

"可是我们已经有了，"他说，"就是公共电台，还有公共电视。"他的目光落向前方，"我已经可以看见，卡勒的世界是：无时无刻无一广播不是公共广播。商业气息从电台电视中完全消失。所有公共电台电视台的资金都来源于尽心尽责的普通听众观众。他们的时间和钱都没处花，最好的选择就是不停地给电台电视打电话。你要记得提醒我，偶尔去你的世界转转，我会让你知道你的电视上都有些什么：先是木偶剧，再是半小时的关于护根的记录片。"

"恭喜！"我回应道，"你刚好完全错误理解了我的重点。听着，我不是要强迫公共广播公司减少节目。关键是通过减少电视节目，让非商业的文化基因取代商业文化基因，逐步实现两种文化基因的平衡。我并不希望商业气息从广播节目中完全消失，但是，它不能成为唯一的声音。"

如果商业的声音一年又一年地垄断信息传播系统，一切会变成什么样？答案是，人们会渐渐习惯一切。商业的声音就是标准，没人会对它提出质疑。事实上，人们压根儿想象不到，这个世界还会有别的声音存在。

美国的广播系统不是奥威尔式的一言堂系统，它是商业化的系统，由公司控制，但是，这样的控制或许会自行其道，变成不民主的强硬控制。如果美国能够突然制定强有力的反传媒托拉斯法，借以打破商业垄断；或者明令要求每个电视台每小时保留几分钟的时间，专用于播映普通公民的意见主张；或者制定别的可行性战略，让公众和其他群体在广播电视里听到自己的声音，那么，美国文化一定能朝着更好的方向发展。

从表面上来看，媒体宪章之战—— 为二十一世纪信息的制作权和散播权打响的战役——看起来并非一场公平之战。一方是强大的超级传媒企业、政府规章，以及半个世纪以来的商业控制传统；一方是杂牌军，有作家、艺术家、学者、专家、高中教师、非官方组织，媒体运动家和环保运动家。但是，杂牌军也有有效的作战武器。我们找到了许许多多的"杠杆点"，只要持续不断地作用于"杠杆点"，就能取得成效。以下是其中的一些杠杆点：

· 关电视周。每年四月，组织一次社会活动。通过关电视一周的做法，帮助公众重新找回一些私人的时间和平静。此活动的短期目标是，发掘出足够数量的参与者，降低那一周的尼尔森收视率，彰显消费者的主权地位。长远目标是改善人民生活质量。

· 两分钟媒体革命。当市民自制的非商化影片在电视上播出，挑战媒体现状时，网络请愿书就已成形。请愿书要求广播行业的管理机构（美国：联邦通信委员会；加拿大：加拿大广播电视委员会）在为商业广播电视颁发许可证的同时，每小时留出两分钟的时间，根据先来先得的原则，让基层人民讲述自己的心声。如果请愿书上的签名足够多，该战略就能为媒体垄断打开一条缺口。

· "反托拉斯" 诉讼。1998年，美国司法部对微软公司提起诉讼，该案例有效地证明了反托拉斯法的强大效力。如果许多市民忍无可忍，要求一个更加自由、多样化的文化环境，迫于其压力，政府将不得不追击 "华纳时代" "新闻集团" 以及 "迪斯尼" 公司，并对电视台、报社以及电台的数量加以限制。

· 撤消电视许可证。三十年前，波士顿居民向联邦通信委员会提交了一份请愿书，抗议当地夜间新闻节目粗制滥造。他们要求撤消WHDH电视台的许可证——他们成功了。WHDH销声匿迹，另一家新兴电视台应运而生。

此后，再无他人重复波士顿人的成功。那个时代，清除垃圾电视台几乎是件不可能完成的任务，因为相关部门每八年对相关企业执照进行更新，而普通市民根本不知道更新的具体时间。几十年过去，到了今天，每当接到类似的投诉，联邦通信委员会及加拿大广播电视委员会总是不约而同地偏向广播电视公司。

但是，这一切都没能阻止保罗·克莱特（Paul Klite），[38] "落基山媒介观察（Rocky Mountain Media Watch）" 丹佛分部的执行董事。

与许多人一样，克莱特相信大量电视节目极端暴力，没有存在的必要性。于是，他对丹佛地区的新闻广播做了一次复杂精细的内容分析，将其命名为 "伤害测试"。结论完全在意料之中：涉及谋杀、恐怖活动、战争及灾害的报道过多。平均每家电视台的晚间新闻里，有47%的内容均属于伤害性质。拿着这份数据以及市民的请愿书，克莱特的团队游说联邦通信委员会，要求不再更新当地四家电视台的许可证。克莱特说，丹佛的电视新闻正在 "伤害科罗拉多州市民"，而市民们应当受到保护，免受这类节目的伤害。

克莱特被三振出局。联邦通信委员会认为，电视新闻受到宪法《第一修正案》的保护，因此，新闻媒体有权报道任何新闻。

尽管结果不尽如人意，克莱特的努力为媒体活动主义注入了新的血液，他为其他媒体监督人员做了一次表率。他的行为，表明了一种新的态度，即个人有权监控公共频道。是克莱特提醒了我们，公共频道属于个人，而不是广播公司。更重要的是，他告诉我们，联邦通信委员会及加拿大广播电视委员会同样需要新制度的监管，停止取悦广电公司的行为，并采取一些鼓舞人心的行动，真正为公众利益服务。

·法律行动。1995年，广告克星媒体基金会发起一项"加拿大宪章"运动，抗议加拿大广播公司拒不播出我们制作的电视节目。这个案子一路曲折前行，直到1998年，加拿大最高法院拒不受理我们的案子。最高法院居然不接受公众的自由之声，拒不受理这起受宪法保持的案件。于是，广告克星媒体基金会决定，依据《世界人权宣言》第十九条的规定，把这个案子告上海牙的国际法庭。

在美国，自1993年起，媒体基金会组织就一再努力，试图就《第一修正案》对NBC，CBS，ABC广播公司采取法律行动，将它们告上法庭，因为以上三家公司从1991年起，拒不向我们出售电视时段，拒不播出我们制作的二十多个电视节目。我们整理了这些公司写给我们的全部信件，以及与负责人的电话记录，以此证明，以上三家公共广播公司，不仅不播映我们的30秒广告短片，还将我们制作的与交通、营养、时尚及可持续性消费的全线节目拒之门外，只因这些节目给它们的投资方带来了威胁。

《第一修正案》法律行动如果取得成果，将迅速改变美国的广播电视。个人和公司之间将建起一块全新的"比赛场地"，为普通市民和公司提供强有力的平台，让他们就关注的各类问题畅所欲言。电视，将不仅用于商业宣传，使民众被动接受一切信息，反之，它将成为关键的阵地，为一切有意义的事物展开斗争。景观文化的空洞将一点一点地显露出来，现代社会强迫公众接受的"欢乐""美丽""英雄"及"神话"都将烟消云散。全新的媒体文化即将诞生。

考虑到其间的利害关系，你可能会想，无数改革派律师已经摩拳擦掌，时刻准备投身这场关键的、高调的"言论自由"之战。不幸的是，事实并非如此。

最近，我给全美最强的一位诉讼律师打电话，[39] 他是《第一修正案》方面的专家。我向他解释了我们的立场，向他咨询，如果市民进不了公共电视台，买不到广告时段，那就说明《第一修正案》赋予他们的

PETITION
The Two-Minute Media Revolution

Dear Chairpersons Kennard (FCC) and Bertrand (CRTC),

We the people want access! It is our unwavering conviction that the public interest will best be served if the television licences you grant contain the two-minute media provision. We want broadcasters to set aside two minutes of airtime every hour of every day for citizen-produced messages in exchange for a renewed lease on the public airwaves.

We, the undersigned, put it to you, regulators of our airwaves, to set up a system of direct public access to the most powerful social communications medium of our time, or to let us know why you are unable to do so in a free and democratic society.

name	address	signature

Please sign, photocopy and return this petition to the Media Foundation, 1243 W. 7th Ave. Vancouver BC, V6H 1B7, Canada. Or fax it to: 604-737-6021. Or find out more and sign the cyberpetition at <www.adbusters.org>

请愿书
两分钟媒体革命

尊敬的负责人Kennard(FCC)及Bertrand（CRTC）：

　　人民需要准入权！我们相信，如果您能签发执照，规定电视节目中准备两分钟用以媒体革命，公众利益将得到最大程度的满足。我们希望每天每一小时预留两分钟时间用以播放市民自制的电视节目，作为交换，我们将不再与公共频道续约。

　　我们，签名上书，要求相关管理部门建立新制度，使普通民众拥有通信频道的准入权，或者告诉我们，为何在一个民主自由的国家，我们无权享有这一强大的社会平台。

姓名　　　　　　　　　　　　　地址　　　　　　　　　　　　签名

请签好复印一份，寄回媒体基金会总部，地址1243 west 7th Avenue, Vancouver, B.C. V6H 1B7, Canada；或传真至604-737-602。更多信息，更多网络请愿书，请登陆www.adbusters.org。

权力受到了侵害，是不是？

他的反应迅速，简直可以说是出自本能。他是《第一修正案》的超级后卫，这是事实不假，但他主要致力于研究修正案对广播公司的权益保护，让它们的权力置于任何人之上。

"我想，在美国，你不能强迫任何一家出版社或广播公司发布不愿意发布的消息。"他说。

"但是，如果广播公司可以向耐克或麦当劳出售广告时段，例如'买汉堡包'或'买鞋子'的广告，我为什么不能享有同等的权利，为我的节目购买广告时段？"

"你确实拥有同等的权利。但你不能剥夺别人的权利以满足自己的权利啊。"

我告诉他，在我看来，上电视发言是我的基本权利之一，因为这些电视台都是公共电视台，从法律上讲属于每一位公民。

"我想你说的是小说里的情节，"他说，"电波或许归你所有，但ABC的设施设备可不属于你。"

于是，我打给另一位律师，这一次是一位声名显赫的洛杉矶媒体辩护律师，[40] 同时还是"贝弗利山庄律师协会"前主席，在业界以细心谨慎闻名。

"广播公司有权控制节目质量，"他说，"他们有权说，'我们不愿播映一条侵犯其他赞助商的节目，因为我们不希望失去赞助。'"

总之，我可以用一句话归纳他们的意见：广告公司进行商业运作的权利，与我的自由言论权相互冲突。现在，我正在努力寻找一位支持我的律师，支持人民的律师，这位律师相信法律面前人人平等。那位贝弗利的辩护律师给了我其他律师的号码后，友善地挂断了电话。为《第一修正案》寻找律师之战，还将继续。

时刻警惕方能守护自由，时刻明智地身处民主之中，才能利用民主进程有效地进行自我管理。一个社会，大部分成员不把大部分时间用在社会中，不在现在，也不在将来，而是身在别处，在一个与己毫不相关的体育世界、肥皂剧世界，身边充满神话般的、抽象的幻想，这个社会，将很难抵抗他人的操控与侵蚀。

这是1946年奥尔德斯·赫胥黎（Aldous Huxley）[41] 修订《美丽新世界（Brave New World）》时，在前言中中肯的发言。或许，与二十一世纪的任何一本科幻小说相比，只有《美丽新世界》如此恳切地预言了我们这个有线时代的精神气候。你可以在"苏麻（soma）"和今天的大众媒体间找到共同点，苏麻是《美丽新世界》一书中，市民使用的毒品的名称。两者均能起到使大众平静安定的作用，以此维持社会秩序；两者均驱逐理性，青睐娱乐及杂乱的思想；两者均鼓励行为的一致性；两者均贬低过去的价值，青睐当前的感官愉悦。

与奥威尔（Orwell）在作品《1984》中刻画的居民被"老大哥"控制，无力抵抗不同；赫胥黎王国中，居民却是自发地参与他人的操纵。他们愉快地服用苏麻；身处他人的控制圈，却乐此不疲。人们完全不用"追求"快乐，因为这个世界里，消费毫无节制、免费的性爱到处都是，最"棒"的是，还有完美的情绪管理机制。人们眉飞色舞，相信自己就生活在乌托邦。只有你，读者（以及书中少数几个，不知为何总能找到真实自我的"不完美"的角色）知道，那里不是乌托邦。那是一座地狱，但只有身处体制之外才能窥见其本质。

我们的"非乌托邦"，同样，只能从外界窥其一二。这些"外界的人"，因为某些奇怪的理由年轻时不怎么看电视，他们读了些好书，认识了几个好人，活在另一种文化之中，幸运地没有成为"美国梦"的追随者，没有加入贪得无厌的消费者邪教。

但是，我们中间的大多数人仍然深陷邪教之中，对苏麻的迷恋日益加重。在人工制造的幸福的迷雾之中，我们正清醒过来，意识到，必须停止做秀，唯一的救赎就是停止服用苏麻，打破"通信卡特尔"的垄断，找回自己的意义。

"媒体宪章"是信息时代最伟大的人权之战，它是一次伟大的个人的、理智的、社会的、文化的、法律的试验。这场战斗的基础设施已经就位。全世界的文化干扰者已经做好准备，与旧制度一决胜负。新千年初期，我们的先头部队发起了一次媒体改革运动，立志将传播交流权作为基本人权记入所有自由国家的宪法，同时记入《世界人权宣言》之中。

我们将保护最珍贵自然资源：人类思维的平静与清晰。

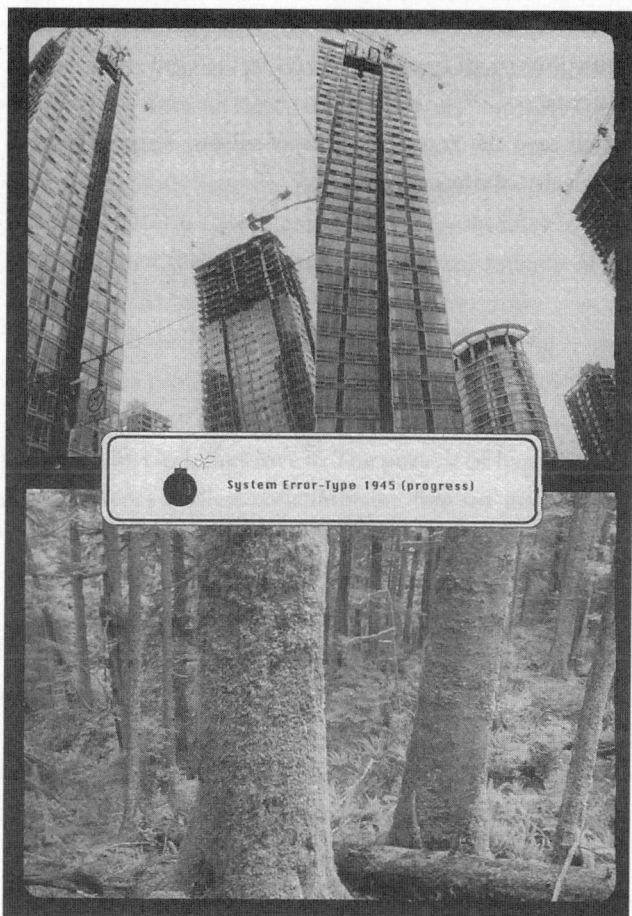

System Error-Type 1945 (progress)

制度之殇——1945(Type)进步

国际发展重新定义组织[42]

（Redefining Progress）

一千五百位杰出科学家，包括大部分在世的诺贝尔奖获得者在内，于1992年签属了《人类警告书（Warning to Humanity）》。58家世界科研机构于1994年公布了类似的文件，告诫世人，地球上的人类活动已经失控。[43]人口增长、消费过度、技术应用不当、经济持续增长，这一切正在毁灭人类生活赖以维系和发展的生态系统。

与此同时，奇怪的是，我们的政治家、经济学家以及商界领袖还在咧嘴笑。"一切都在增长，"他们满脸堆笑地说，"工厂越来越多，销量越来越好，创造的财富比人类历史上任何时期都多。"

无休无止的物质增长是现代经济体系的基石。在这一经济构架中，"零增长"是不被允许的概念。事实上，经济学家下令说，除了物质增长之外，任何事情都不重要。

但是，在有限的地域内实现无限增长，这一思想观念本就是癌变细胞。疯狂！一天二十四小时，由公司控制的大众媒体疯狂地进行宣传，但是这样的大众媒体，压根不可能在当前的窘况中找到问题的根源。

我们很难调解各种强有力的、混合在一起的信息，使其和谐一致。对大多数人来说，经济是一个神秘抽象的概念。正如微波炉之于我们的意义一样，我们搞不清楚其工作原理，也不想搞清楚。只要不停地按下按钮，热腾腾的晚餐就出炉了。我们认为，市场自有其规律，如果任意将其打破，后果自负。同时，我们认为，经济学家是学识渊博的科学家，只要他们运用那神秘的、不可辩驳的逻辑，就能莫名其妙地解决所有问题。

事实是，我们把人类生态经济的繁荣富裕，交给了一群专业的政策制定精英，他们对自己的所作所为，至多有一点模糊的认识。他们运用"科学方法"管理打造的"增长"和消费圈，其实质是在彻底摧毁自然界，但是，如果向他们指出这一点，这些经济学家必然矢口否认。他们所谓的"进步"——尽管不会承认——就是指卖光不可替代的自然资产，然后把它称之为"收入"。

我们是否可以找到走出这个社会陷阱的方法？走出这个意义危机？经济学专业不可能承认其模版的错误。第一世界的消费者们幸福快乐，完全没有意识到他们的生活方式正给自己带来巨大危机。商业广告媒体拒不向市民出售广告时段，允许其播放自制的警示广告。政府拒不承认，我们已经向后代子孙欠下天文数字般的债务。大部分人拒绝接受现实，但在内心深处，人人"知道"地球正在死去，但没有人愿意公开讨论此事。

当然，让公众开口的方法很简单，那就是，运用战略战术，干扰全球经济，使其回归至可持续发展的步伐上。

首先，杀死所有的经济学家[44]（当然，只是打个比喻）。我们必须证明，尽管受到国家和宗教的保护，经济学家并非是不可捉摸、不可触碰的人。我们挑战其权威，质疑其信用；发起一次全球性的媒体活动，消除经济学家的权威性。我们向他们展示现行经济体系的缺漏；向世人揭示他们的"科学"都是伪科学。我们在电视上愚弄经济学家，派遣生态经济学家与他们展开辩论。我们突然出现在一些出人意料的地方，如本地商业新闻、午夜电视插播的商业快讯，并随机地出现在全国性的电视黄金时段里。

同时，还得给七国峰会领导设陷阱，把他们描绘成李尔王一般的形象，即受到蒙骗而不自知的国王，他们完全没有意识到自己的行为带来的危害。我们要求他们解释，为何第一世界国家的过度消费问题没有被提上议事日程。在峰会召开的几周内，我们购买世界范围的电台电视频段，迫使领导回答这个大问题："经济'进程'是否正在扼杀我们的星球？"

这句话将引发公众的想象：普通市民思考问题，政策制定者相互辩论；学生将问题扔给老师。一步一步，我们突然将国家领导人引向全球新闻发布会的现场，被迫就以下问题做出回应："总统先生，你如何评量经济发展？你据何评价经济是好是坏？"

总统或许会将问题一带而过。他可能会用一些事先准备好的答案，表明美国拥有漂亮的成绩单，拥有最高的GDP增长率，华尔街的牛市一路大红。接下来，他或许转移话题，但几位记者将紧追不舍，要求得到一个更好的答案——一个真正的答案：瓦尔迪兹号漏油事件促成了GDP的大幅增长，因此它是否就是"成功"的代表？自然资本的损失，如太平洋西北地区消失的鲑鱼，是否会被记入经济账本之中？是否已经考虑到气候变化的代价？臭氧问题，沙漠化问题，生态多样化的缺失问题？

不论是通过七国峰会，或是其他的记者招待会，我们将向世人展示，这些经济政策的制定人完全不可信。他们回答不了自己设计的经济体制中最简单、最基础的问题：社会究竟是在向前发展？还是在向后倒退？

这场不断升级的心理战，就是我们的最强"夹钳"。基础工作在草根阶层展开，在那里，新古典主义教条仍在天天讲，时时讲。在世界上各大高校的经济系，大规模的思维转变即将发生。负责经济系的各位终生教授都是新古典主义的拥护者，骄傲自大，顽固不化，他们完全没有做好准备接受挑战。但是，挑战是激烈的，因为我们确信自己是正，他们是邪。

托马斯·库恩（Thomas Kuhn）[45]，在其名著《科学革命的结构（The Structure of Scientific Revolutions）》（1962年）中描述道，科学思考模式的转移很像政治革命。在一场革命中，总有许多杂乱无章的事物被隐藏起来，除非当权的人民痛苦地将其推翻，这些事物很难快速地显露出来。

库恩敏锐的洞察力表现在，[46]他深刻地意识到，在现实世界中，与科学预定的发现模式不同，旧式思考模式的转移难以被新证据、新事实、新"真理"所取代。人们只能用另一种全新的思考模式取代它，也就是说，即使预测出错，政策失效，或是理论被证明"非科学"，经济学的专业性也不会有所改变。只有当新一代经济学家出现，扼住老派经济家的喉咙，夺取他们的权力，现有的经济体系才能有所改变。

如何打破新古典主义的蛊惑

首先，在校园建立文化干扰组织，说服经济学研究生及至少一名教授加入组织，然后发动文化基因战争。收集引用知名经济空想家的语言，作为华丽的武器。

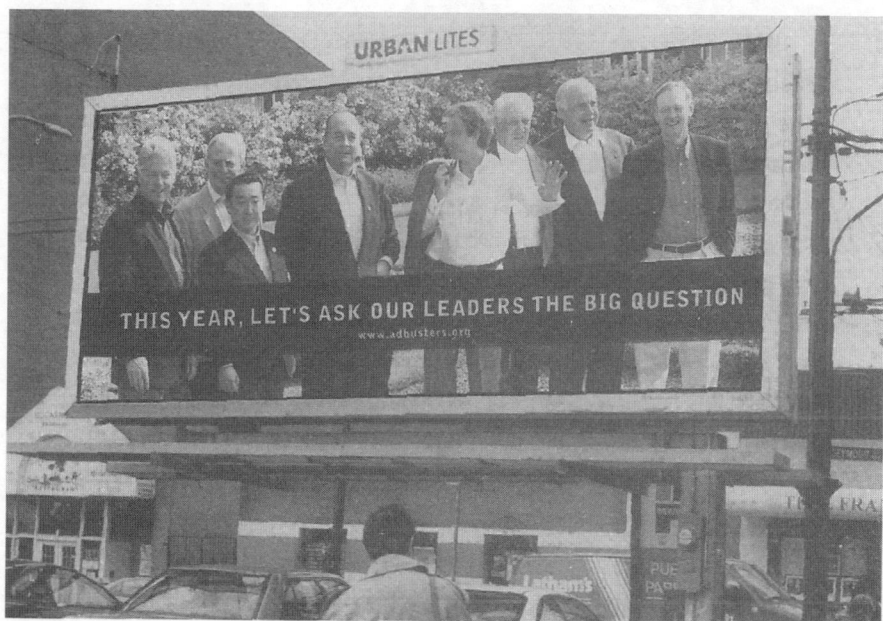

今年，让我们向领导们抛出大问题
www.adbusters.org

经济系培养了一代愚蠢的学者，这些人善于解决深奥的数学问题，却对实际的经济生活一无所知。

——瓦西里·里昂惕夫（Wassily Leontiew），诺贝尔经济学奖获得者

标准文本是使人迷失的有力工具，它迷惑思维，并让其做好准备，接受日益复杂虚假的神话。

——盖·鲁什（Guy Routh），《经济思想的起源（The Origin of Economic Ideas）》作者

经济学要想发展，必须首先摈弃其自杀性的形式主义。

——罗伯特·海尔布隆（Robert Heilbroner）

其次，抓住一切机会愚弄新古典主义逻辑。打断新古典主义讲座；下课后和教授争辩；一逮着机会，看着教授的眼睛，向他们提出以下问题：你如何评量经济发展？你据何评价经济是发展还是后退？如果教授不能做出精准的回答，继续提问，质疑其专业基础，即为政府建议经济政策的理论基础。

再次，下次七国峰会期间，在校园做一次"真实经济专题讨论会"，邀请生态经济学专家，如赫尔曼·达利（Herman Daly）、罗伯特·科斯坦萨(Robert Costanza)，或保罗·霍肯(Paul Hawken)做主讲嘉宾。看看世界上其他大学正在做些什么。将频道切换至广告媒体基金会的"生态毁灭"节目募集资金。

连续几周在校园循环播出"生态毁灭"节目。努力在本地晚间新闻购买1分钟新闻时段。播出热点新闻就意味着文化干扰运动开始。如果电视台拒绝出售节目时间，向公众公开他们的恶行，给当地报社发传真，给电视台新闻办公室打电话。在七国领导会晤的当天，找些记者报道你的"宣讲会"。

1996年5月，一场针对性强的、有效的经济学专题讨论会[47]在大不列颠哥伦比亚省维多利亚大学举办。白色的宣传画令人印象深刻，每张画上引用一句话，挑战新古典主义经济学家的"潜在假设"理论的合理性。这些画一排排地贴在墙上，列队欢迎全校师生。一些学生不太高

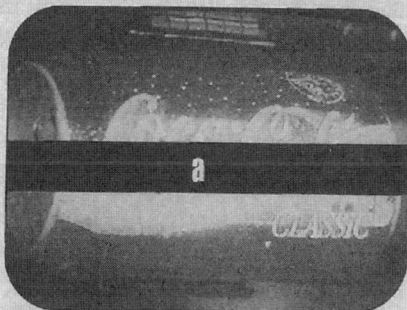

G-7 生态毁灭
（60秒电视广告）
全球经济是不是一个"世界末日"制造仪？
www.adbusters.org
今夜的文化基因战，1-800-663-1243

兴。"这些画就像是有人告诉你，'你很蠢、你很蠢'。"一名学生抱怨道。"替代经济学委员会"已经做好准备，挫挫某些自负之人的锐气。这群学生富有责任心，他们决定拆析教授的授课计划，勇敢地面对被他们称之为"经济学致命的抽象"的错误，这个错误，就是新古典主义的教条，在北美地区几乎所有学校都将它奉为"真理"，传授给学生。

专题讨论会。二十世纪六十年代，学生中的激进分子创建了一个论坛，提出了一个在课堂上长时间被掩盖或完全忽略的问题：美国究竟在越南做了什么？随后展开的一系列专题讨论会吸引了大量聪慧的学生和勇敢的教授，他们致力于使自己的政治观点合法化，鼓励开展相关活动。

在维多利亚大学，学生不是将注意力放在单个政治问题上，而是进行了一系列完整的试验，找出新古典主义经济学的应用对现实世界造成的影响及后果。

这次专题讨论会举行了一天，由一系列时长一个多小时的小组座谈讨论组成。原本组织者以为很难找到相关教员，挑战经济系的权威，但事实上，这是一件再容易不过的事了。幻想破灭的学者们迫不及待地宣泄自己的愤怒冤屈。几乎所有人的发言时间都超过了规定的十五分钟。怨愤之情不断溢出，将讨论会带至"质问"的时刻。

经济系派来了一位教师进行辩护，名叫彼得·肯尼迪，他勇敢地站在所有人的对立面。他曾一度驳倒对手的陈述，方法是为听众引述某章某节的内容作参考，似乎在座发言人都是些偏离正道、学习习惯不好的人。但是肯尼迪教授在这里找不到什么优越感，他完全无法解释，在面对经济系的众多基础性问题时，自己言语为何如此苍白无力。

发言一个接着一个，文化基因（meme）在现场流转。

"住在一个消费生态环境的世界，毫无安全感可言。"

"核能被标榜为'便宜的燃料'。但是，说这话的人有没有考虑核废料的处理费用呢？"

后来，肯尼迪教授第二次走上"领奖台"，他穿着一件休闲衬衫和牛仔裤，站在众人面前。与第一次不同，他的愤怒和傲慢消失不见。"经济学家就像天气预报员，"他说，"他们解释，但不影响事件本身。"他承认，学科间的交叉研究实属必要，能够带动新的研究，将经济学带入现实世界。他吃力地维护神圣的"正统"理论，但学生们使他完全陷入被动。

类似维多利亚大学的这种小"叛乱"，在今天更是四处可见。1997年，哈佛的一群学生反抗由马丁·菲尔斯坦（Martin Felstein）讲授的新古典主义教条。菲尔斯坦曾是里根总统的顾问。学生们每周举行例会，邀请发言嘉宾，在菲尔斯坦的课堂上发放小传单，借此提出异议。

　　迄今为止，学生的不满并未演变成公开的反抗。诸如菲尔斯坦之流的旧派学者依赖政治力量，在某位政客的任期内，被评为终生教授，他们的著述得以出版，职位得以晋升，研究经费充足。新一代政权上台时，这些人被政府委以重任，就此离开学术界。越来越多的人发现，全球经济无法可持续发展，或者说它将注定失败，于是，他们转而投身政治党派的怀抱之中。

　　但是，上述一切不会持续太久。

　　历史上所有重要时期，大规模抗议活动总在大学生群体中间爆发。他们揭露当局的谎言，推动国家向新的方向勇敢前行。二十世纪六十年代，全世界各大学校园爆发了数次抗议活动。现在，新的重要历史时刻即将到来。

　　大规模的抗议活动何时爆发？导火线是什么？我们很难预测。或许是因为明天华尔街股市暴跌；或许是因为气候骤变、失去控制；或许是因为发生了某些不寻常的事。例如，芝加哥大学经济系出了位天才学生，在某次新闻发布会上大胆挑战格林斯潘（或是美国总统），他的观点与现行的经济体系相碰撞，而后在世界范围内引起广泛回响。

　　然后，几个月后，从一个学校到另一个学校，学生们将把那些讨厌的老家伙"请"出校园，重新设计经济程序。

注释：

此篇章中提到的许多活动战略，最初刊印于《广告克星》1998年秋的革命方案特刊中，及此后各期杂志中。

1. "你是为了什么，我就是为了什么。"——马龙·白兰度（Marlon Brando）在《飞车党》（导演：László Benedek，1954）的台词。

2. "奴隶一般顺从的'零部件'"——莎蒂·普兰特（Sadie Plant），《零+壹：数字女性+新科技文化》（Fourth Estate，1997，第4页）。

3. "谎言是压力的主要体现形式之一……"——布莱德·布兰顿（Brad Blanton），《绝对真诚》（Dell，1996，第xxv页）。

4. "主权国家的人民不会向下级实体公司乞怜……" 理查德·罗斯曼（Richard Grossman），《人类和公司的关系》（1997年2月向《广告克星》的投稿）。

5. "马歇尔·麦克卢汉所说的第三世界大战……"——马歇尔·麦克卢汉（Marshall Mcluhan），《文化是我们的事》（Ballantine Books，1970，第66页）。

6. "重新架构辩论框架"，这部分内容受洪堡民主无限的创会理事保罗·西恩富戈斯（Paul Cienfuegos）为我讲述的故事的启发（约1997年5月）。

7. "在我们质疑公司的存在权之前，它会对环境造成多大的损害？"——保罗·霍肯(Paul Hawken)，《商业生态学——可持续发展的声明》（HarperBusiness，1993）。

8. "公司没有心，没有灵魂，没有道德。"——大卫·R.卢瓦（David R. Loy），《一个佛教徒对跨国公司的评判》（日本茅崎市文京大学国际研究中心教授，<www.igc.apc.org/bpf/think.html>）。

9. "取消'纽约标准石油托拉斯'的经营许可权"——理查德·L.格罗斯曼（Richard L. Grossman）和弗兰克·T.亚当斯（Frank T. Adams），《照顾生意——公民和公司章程》（Charter, Ink., P.O. Box 806, Cambridge, MA 02140，1993，第17页）。

10. "宾夕法尼亚州取消了……"同上。"密歇根、俄亥俄、及纽约三州取消了石油业、糖业、威士忌业的托拉斯垄断集团。"同上。

11. "1890年，纽约州最高法院取消……"——理查德·罗斯曼（Richard Grossman），《人类和公司的关系》。

12. "1976年，最高法院法官怀特（White），布瑞南（Brennan）及马歇尔（Marshall）注意到……"同上。

13. "1998年5月，纽约总检察长丹尼斯·威高（Dennis Vacco）……"——《华尔街时报》，1998年5月4日，第A8版；同见兰迪·根特（Randy Ghent），《广告克星》1998年秋季刊，第58页。

14. "1998年6月，威廉·永利（William Wynn）以私人名义……"——兰迪·根特（Randy Ghent），《广告克星》1999年秋季刊，第54页。

15. "1998年9月10日，三十个个人及团体……"——兰迪·根特（Randy Ghent），《广告克星》1999年秋季刊，第54页。

16. "1998年11月3日，星期二，在加州阿卡塔……"——兰迪·根特（Randy Ghent），《广告克星》1999年冬季刊，第51页。

17. "牢牢控制在大型全球性企业的手中"——大卫·C.科腾（David C.Korten），《后公司时代——资本主义后的生活》（Berrett-Koehler Publishers,Inc,1999,第1页）。

18.费斯·帕帕考恩（Faith Popcorn），《帕帕考恩的报告》（HarperCollins，1992）。

19.于度安·艾尔金（Duane Elgin），《自愿简朴——一种表面上简单，实质丰富的生活》（修订版，William Morrow，1993）。

20. "薇琪·鲁宾（Vicki Robin）及乔·杜明桂(Joe Dominguez)"——《富足人生：改变你的生活，获取经济独立》（Viking，1992）。

21. "从总体水平上说，美国生活的满意率……"同见《渴求平衡——美国人对消费、物质和环境上的意见》，1995年7月哈伍德集团（The Harwood Group）为默克家族基金准备。

22.朱丽叶·B.朔尔（Juliet B.Schor），《过度消费的美国：高消费、低速消费和新消费》（Basic Books, 1998）。

23.E.F.舒马赫（E.F. Schumacher），《小即是美：把人当回事的经济学》（Blond and Briggs, 1973）。

24.法兰西斯·莫尔·拉彼（Frances Moore Lappé），《一座小行星的饮食》（Ballantine Books, 1991）。

25.布鲁斯特·尼恩（Brewster Kneen）《隐身巨人——美国嘉吉公司和它的跨国战略》（Pluto Press, 1995）；同见布鲁斯特·尼恩（Brewster Kneen）的《食品巨头》（《广告克星》1997年春季刊，第18页）。

26."在美国，食物最终被端上餐桌前……"——丽奈特·蓝姆波（Lynette Lamb），《新鲜的蔬菜和水果真的健康吗？》（《优涅读者》，No.23）。

27."注意：巨无霸汉堡，50%以上的卡路里来自脂肪。"来源：www.mcdonalds.com（麦当劳网站）。

28."电视历史上最令人不安的广告"——鲍勃·加菲尔德（Bob Garfield），《CK的宣传怪物》，《广告时代》（1995年9月4日，第18页）。

29."许多知名建筑师……"——摩舍·夫迪（Moshe Safdie）和温蒂·科恩（Wendy Kohn），《有汽车的城市——一个建筑师的观点》（Stoddart, 1997）。

30."私家汽车将会花去你，……"了解汽车的真实成本，详见《汽车城成本评估——技术、估计和含义》，维多利亚运输政策研究所，托德·利特曼（Todd Litman）主任，litman@islandnet.com。

31.《媒体宪章》章节部分内容初次出现在《广告克星》1999年冬季刊，第16-29页。

32."这些组织之所以力量强大……"该观点来源于银幕演员协会负责人理查德·马舒尔（Richard Masur），《国家报》1998年6月8日，第30页。

33.大卫·格罗斯曼（David Grossman），《关于谋杀：学习在战争和社会杀戮的心理成本》（Little, Brow,1995）。

34."每每有机会向前一步，就被扼杀了"——1998年9月7日大卫·格罗斯曼（David Grossman）与布鲁斯·格里尔逊（Bruce Grierson）的电话采访。

35."他们立即抽身，毫不犹豫，决不迟疑"——格罗斯曼—格里尔逊（Grossman-Grierson）采访。

36."广播公司或许非常强大，……"——格罗斯曼—格里尔逊（Grossman-Grierson）采访。

37."不论是枪击者还是受害者的父母，……"——格罗斯曼—格里尔逊（Grossman-Grierson）采访。

38.保罗·克莱特（Paul Klite），"洛矶山媒介观察（Rocky Mountain Media Watch）"丹佛分部的执行董事。杰瑞·M.兰德（Jerry M. Landay）《将活动进行下去》（《国家报》1998年6月8日，第10页）；同见吉姆·布斯伊德（Jim Boothroyd），《广告克星》1999年冬季刊，第26-27页。

39."……全美最强的一位诉讼律师……"1998年3月与斯蒂芬·罗德（Stephen Rohde）的对话。

40."……声名显赫的洛杉矶媒体辩护律师……"1998年3月与巴里·香莱（Barry Shanley）的对话。

41.奥尔德斯·赫胥黎（Aldous Huxley），《美丽新世界》（Coles Publishing Co.,1994）。

42.国际发展重新定义组织是旧金山头脑风暴组织的名称，该组织发明了GPI指数。其出版物《社区指标手册（Community Indicators Handbook）》帮助无数社区展开"经济再定位"计划。<www.rprogress.com> (415)781-1191。

43."地球上的人类活动已经失控"这个主意来自于科学家联盟的《对人类的警告》（《世界科学家》，1993年4月刊）。

44.、"杀死所有的经济学家……"这类"怎么打破新古典主义的迷雾"的策略曾被名为"如何打破巫毒的咒语"（《广告克星》1997年夏季刊，第25页）。

45.托马斯·S.库恩（Thomas S.Kuhn），《科学革命的结构》（University of Chicago Press, 1962，1970）。

46. "库恩敏锐的洞察力表现在……"——卡勒·拉森（Kalle Lasn），《巫毒经济学》（《广告克星》，第1卷，No.3，第57页）。

47. "1996年5月，一场针对性强的有效的经济学专题讨论会……"本段故事摘自吉姆·孟璐（Jim Munroe），《学生给老师不及格》（《广告克星》1996年冬季刊，第32-33页）。

Vivez sans temps mort!
(Live without dead time).

拒绝虚度年华

结语：千禧年的真理时刻[1]

　　一切变革均始于个人。这是一小群热血中人，他们的自我认识突然苏醒，发现与其坐以待毙，不如艰难前行。然后，电视上开始出现各种各样的运动：从大学校园开始，高中、超市、大卖场，以及各类工作场所陆续爆发抗议活动。革命的支持者日益增多，日常抗议活动逐步升级，其劲头势如破竹。

　　于是，变革开始了。通常情况下，第一次行动极具象征意义，它代表新结构的诞生，旧结构的消亡；它是一种姿态，是一种比喻，将永远流传下去。罗莎·帕克斯（Rosa Parks）拒绝从公交车的座位上起立；一位越南抗议者把一朵雏菊插入来福枪管；纳尔逊·曼德拉（Nelson Mandela）走出南非的监狱；广播电视公司拒绝向市民出售广告时段。这些文化基因力量强大，像子弹一般穿透头骨。

　　革命最大的阻碍在于个人，即深植个人心中愤世嫉俗、玩世不恭的态度。普通人能改变什么？面对选择时，我们总是很难接受激进的变化。制度根深蒂固，我们很难想象还有另一种可能性存在。面对当前的困境，人们很难把问题简单化，难以将问题看作发展的某一阶段，更不会想象早晚有一天，这种局面将被打破，人们将取得新的成功——可是，世界就是这样。正如"精神分析学说"一样，当年它的创始人弗洛伊德曾被看作是哥白尼或是达尔文一般的人物，这一学说也曾被广泛看作理解人类行为的钥匙，可是，"精神病药理学"出现后，"精神分析学"也不得不为其让道。同样，在西方，"基督教教义"也被"新时代（New Age-y）"精神观取代。那么，终有一天，美国式的消费者资本主义也将失去魅力。不久以后，人们将对速食快餐、豪华汽车、时尚宣言以及超市卖场厌恶不已。他们将会认识到"都市最棒的交通工具不是汽车，[2]而是……自行车；未来最可靠的供电设备不是更大的公共电网，而是一种新型的……屋顶的小木板；最有效的空调实际上是……绿树成荫。"人们厌倦了以盲目消费为中心的利己主义生活，厌倦了给这种生活添砖加瓦的媒体宣传。到了2003年，如果一辆豪华轿车从身边呼啸而过，行人将不再目送车子远去，羡慕不已；相反，他们对车主又是诅咒又是嘲笑，完全把他当做一位堕落的代表，一个环境的杀手。下个世纪的时尚中人将退出景观社会，生活在一个"拥有无限美好机遇的生命中"。我们的孩子，孩子的孩子，回望我们的时代，无不目瞪口呆，因为这个时代需索无度、浪费过度，整整使地球的消耗提前了一千年。

　　我们不需要成千上万的活动家发起这次变革，只需要一小部分极具影响力的先锋浴血奋战，抓住机遇，精心筹划，取得社会营销战略的胜利。我们需要一定程度的集体幻灭（在我看来，我们已经到达了这个临界点），然后从富裕的第一世界国家找到领袖人物，摸索着前进，处理世界危机，如，股市崩溃、环境危机等。在我看来，只要时机一到，只要进行一致的干扰，只需几百位活动家，革命就能成功。正如约翰·加尔布雷斯（J.K.Galbraith）在他的"大革命"中指出的一样，我们将敲碎腐烂的门，冲进真空的世界中。我们创造了一个突如其来、意想不到的真理时刻——一次全球性的思想转变——通过这个时刻，公司或是消费主义者将销声匿迹，永无翻身之日。

　　1968年5月，在"情境主义"的影响下，"巴黎动乱"开始，用"一系列连锁反应拒绝"[3]消费者资本主义。学生、工人、教授、护士、医生、司机，以及零星的活动家、无政府主义者走上大街，清除障碍，与警察作斗争，他们占领公司、工厂、船坞、火车站、剧院以及大学校园，唱着歌，发布宣告，巴黎的大街小巷都可以看见他们的标语："拒绝虚度年华！"[4]"打倒景观—商品文化！"他们用发自肺腑的声音，挑战现有的时间制度。不同的声音在各个阶层响起。"艺术系学生要求真正的艺术；音乐系学生呼唤'野性、短暂的音乐'；足球运动员拉起标语'踢自己的足球'，把经纪人踢出了球队；盗墓者占领了墓地；精神病院的医生护士团结一致，发起行动。"几周之内，成千上万人脱离了为之工作一生的办公室和工厂……获得新生。

　　这是"最大型的罢工运动，它一度停止了先进工业社会的经济发展[5]，它是人类历史上第一次冒险的大罢工"，这场动乱迅速蔓延开来，从巴黎到法国再到整个世界。随着巴黎"拉丁区"起义渐入高潮，[6]波恩五万人举行示威游行，罗马三万人走上街头抗议。三天后，米兰大学学生举行抗议活动。四天后，迈阿密大学学生以静坐的方式进行抗议。马德里、伯克利、纽约、法兰克福、圣地亚哥等多座城市随后发生冲突。这股浪潮首先波及伦敦、温哥华、达喀尔、慕尼黑、维也纳，以及布宜诺斯艾利斯，后又蔓延至东京、大阪、苏黎士、里约、曼谷、杜塞尔多夫、墨西哥城、西贡、拉巴斯、芝加哥、威尼斯、蒙特利尔以及奥克兰。就在几周之内，空气中流动一个巨大的问号：如果都和"拉丁区"一样，世界将会怎样？这会是第一次全球革命的开始么？

后来的事实证明，由情境主义推动的历史事件没能走得太远，全球性的思维转变正待开始，却戛然而止。抗议者逐渐消失，政府重新掌控全局，社会现状没有得到改变。情境主义者之所以失败，可以说，是因为他们超越了时代。景观世界，险恶社会，这些咄咄逼人的观念在六十年代的人民看来，实在是太过新奇，很难全面理解。而情境主义者们，在我看来，被对手打得手忙脚乱，他们以及所有受其影响的学生、工人、艺术家及知识分子，没能找出情境主义的文化基因。在起义的高峰时期，在他们对世界拥有极大的影响力的时候，除了一两句含糊的宣言外，情境主义者们完全不知该说些什么。"新纪元的开始。"[7]情境主义者如是说。"无用的死亡之音。"[8]这是国家安全顾问，布热津斯基（Zbigniew Brzezinski）的解读。

文化干扰者的道德观念，当然，来源于情境主义。我们的意志力坚不可摧。经过深思熟虑，再三试验，我们建立起全球性的先头部队，做好准备，只待时机成熟，便迎风而起。

我们花了三十年的时间思考情境主义的思想，找到了它的意义。但是，就在这一时期，现代媒体文化逐步扩散，消费者资本主义高唱凯歌。我们已身处景观之中。景观已深入人心。我们生活在德波描述的那个世界，在他生命中的最后几年，他写道，这是一个"综合的景观"，"技术革新；国家经济一体化；真相不在；谎话连篇；只顾眼前。"[9]

今天，困惑不已、深受其扰的一群人准备行动，他们似乎在说："让愤世嫉俗的心态消失吧，让愤怒的情绪行动吧。"三十年前，情境主义者对如何改变消费者资本主义、如何把权力交给人民、如何创建新的生活方式有了初步设想，现在，是时候让文化干扰者出场，完成这项伟业了。

两代人的过度消费、堕落颓废已经削弱了美国的魅力。美式的酷已经变得脆弱不已、不堪一击。过去，革命似乎不可能在这里发生，可它确确实实发生了；现在，革命似乎不可能在这里发生，可它一定会发生。这是一个重大的时刻。我们不应怀疑，也不应害怕。用庆贺的心情迎接它吧。在新千年的黎明，旧的梦想结束，新的梦想即将起航。

在我心中，再也没有比这更酷的事儿了。

注释：

1. "结语：千禧年的真理时刻"，更多相关讨论见卡勒·拉森（Kalle Lasn），《编辑们的冲击》（《广告克星》1998年春季刊，第6页）。

2. "都市最棒的交通工具不是汽车……自行车……屋顶的小木板……绿树成荫"——这三个方法取自于《世界观察》杂志（1998年9月刊，第3页）编辑艾德·埃尔斯（Ed Ayres）。

3. "一系列连锁反应拒绝"——伦恩·布莱肯（Len Bracken），《居伊·德波的革命》（Feral House, 1997，第174-175页）。

Enragés（激进派），希望了解激进派在1968年的巴黎骚乱详见伦恩·布莱肯（Len Bracken），第157-175页。

4. "拒绝虚度年华！"见《学生生活的贫困》，由"情境国际"成员及斯特拉斯堡大学学生合著，肯·科纳布（Ken Knabb）编译的《情境国际选集》（Bureau of Public Secrets, 1981，第337页）。

"艺术系学生要求真正的艺术；音乐系学生呼唤'野性、短暂的音乐'……"——莎蒂·普兰特（Sadie Plant），《最激进的姿态》（Routledge, 1992，第98页）。

5. "最大型的罢工运动，它一度停止了先进工业社会的经济发展……"——《国际情境》#12,1969年9月；肯·科纳布（Ken Knabb）编译的《情境国际选集》（Bureau of Public Secrets, 1981，第225页）。

6. "随着巴黎的拉丁区起义渐入高潮……"——伦恩·布莱肯（Len Bracken），第174-175页。

7. "新纪元的开始"，文章标题出自《国际情境》#12,1969年9月；肯·科纳布（Ken Knabb），第225-256页）。

8. "无用的死亡之音"——兹比格纽·布热津斯基（Zbigniew Brzezinski），引自格雷尔·马库斯（Greil Marcus），《口红的痕迹——二十世纪的秘密历史》（Harvard University Press, 1989，第32页）。

9. "技术革新；国家经济一体化；真相不在；谎话连篇；只顾眼前。"——居伊·德波（Guy Debord），《对于景观社会的评论》（Verso, 1990，第11-12页）。